IDENTITY

自意識《アイデンティティ》と創り出す思考

ロバート・フリッツ

ウェイン・S・アンダーセン

田村洋一［監訳］　武富敏章［訳］

創造という名の冒険の世界

原著タイトルはたった一語で「アイデンティティ」(Identity) となっており、「自分をどう思うかなどどうでもいい理由」(Why it doesn't matter what you think about yourself) と素っ気なく書き添えてある。この一冊の本がどれほどの起爆力を持っているかは、ここでどんなに言葉を尽くしても伝えきれない。それは共著者ロバート・フリッツの教える方法を学んで実践した人たちが自分たちの体験を通じて身をもって知っていることである。

私自身の体験は今から25年以上前にアメリカの書店でたまたまロバートの著書を見つけたのがきっかけで始まる。クリエイティング (Creating) と銘打ったさりげない本は画期的な内容だった。何かを創り出すということのエッセンスと、何にでも具体的に応用可能なメソッドが紹介されていた。そして2002年の春に米国バーモント州のロバートの自宅で初めてロバートに出会い、その年の後半に独立起業し、以来ロバートの教えに沿って自分の創り出したい成果を創り出しながらビジネスや社会活動を展開してきた。

ロバートの教える方法は魔法ではない。こうすれば必ずうまくいくという秘訣でもない。あっけないほど明快な論理で考え方が示される。実行するのに特別な才能は要らないし、我慢強さも意志も要らない。自分の創り出したい成果が何かを見つけ、現実を曇りのない目で見て、必要な作戦を立てて一歩ずつ成果に向かって歩むだけである。

実際にロバートは自分自身の教える方法に従って創り出したい成果を自在に創り出してきている。その成果だけを見れば天才にしか見えない。実際、私が初めてロバートに出会った頃には存在しなかった成果をロバートは創り出している。

今回ようやく翻訳出版に至った本書のメインテーマである自意識《アイデンティティ》は、その成功の鍵である。

この中のひとつの章でもきちんと読めばわかることだが、本書の教えることは無数の類似書物の教えとは水と油ほど違う。古今東西の著名な作家や指導者が常識として教えてきたことがあっさりと否定されている。数多くの自己啓発書の類に親しんできた読者はきっと面食らうだろう。

一方、「計画を立てて着実に実行すれば成果が上がる」というありふれた処方箋が書いてあるだけだと思う読者がもしいたとしたら、それは全くの見誤りだと注意を促しておきたい。本書はまさにそういう常套手段では変化が長続きしない理由と、ではどうしたらいいかという具体的な方法論を示している。

本書は実用書である。数多くの学術研究によって実証される内容だが、学術書ではない。読者はためらいなく本書の教えるところを実践に活かしてほしい。まずは少し試してみて、もし効果を少し実感できたなら、もっと広範囲に、もっと深く、もっと大きな使い方をしてみてほしい。私自身が25年にわたってそうしてきた。自意識を棚に上げて挑戦し、たくさん失敗し、多くの失敗から学びながら、創り出したい世界を創り出していく。

数多の指導者を啓発してきたロバート・フリッツ、そして共著者のアンダーセン博士が案内する創造の冒険の世界へようこそ。

田村 洋一

日本の読者のみなさんへ

30年以上にわたって私が構造力学を開発してきた経験から、長続きする本物の変化が起こるために最も重要な課題が明らかになっている。それが本書のテーマである自意識《アイデンティティ》だ。

このテーマは極めて個人的な課題に見える一方で、社会やコミュニティの課題でもある。自分の集団の自意識を他の集団の自意識から守り、競い合い、闘うことが必要だという虚構を作り上げてしまう材料となっているのだ。この問題は歴史を通じて姿を現し続けている。集団自意識をめぐる紛争は、領土や貿易をめぐる紛争よりもずっと手強く、解決が難しい。

そしてこの30年の間に、私たちはほとんど奇跡的な変化の数々を目の当たりにしてきた。それは、自分の自意識の感覚を、自分の価値観や志と切り離したときに得られる変化だ。ひと言で言うなら、自由である。

自意識の問題を片付けた人は、もはや自分を証明したり、弁護したり、評価したり、無理に何かになろうとしたりする必要がない。自意識が邪魔しなくなれば、本当に大切なことにフォーカスして人生を送ることができるようになる。それは自意識よりもずっと大切な「人生において何を創り出したいのか」ということだ。本書は、この自由の感覚を、あなたが人生の中で深い体験として持つことを助けるものである。

私と共著者のウェイン・スコット・アンダーセン博士は、日本で本書が刊行されることを心から喜んでいる。二人とも日本には強い愛着がある。アンダーセン博士は若い頃に日本で育ち、私は日本文化、特に映画や音楽から絶大なる影響を受けている。

世界中の他のあらゆる国と同じく、日本もまた歴史的に長い間、自意識の問題を抱えてきている。なかには日本固有の症状もある。問題の根っこは同じでも、文化によって現れ方はさまざまだ。しかし、個々人の自由を束縛する文化の自意識の呪いを解くことができれば、新たな可能性の世界が立ち現れる。日本文化には、創り出し、築き上げ、成長し、育み、学ぼうとする力強い衝動がある。自意識の問題に邪魔されなくなれば、美しい人間精神が自由に飛翔し、人生を創り出すプロセスへと向かうことだろう。

日本語版出版のために尽力してくれた特別なチームの皆に感謝したい。原著の意味が正確に日本語の文章となるために、途方もない労力をかけて私たちと共同作業してくれた。機械的で通り一遍な翻訳では大切な何かが失われがちだが、単に日本語に訳すだけでなく、原著の真意そのものを再現してくれている。チームのみなさんと一緒に仕事ができて、非常に光栄であり喜びである。本当にありがとう。

ロバート・フリッツ

もくじ

第１章
自意識《アイデンティティ》

自己啓発業界の罪
グルたちの間違い
好きか嫌いかは選べない

成功は自己肯定感《セルフエスティーム》がもたらしたものではない

それは人生の決定的な瞬間だった。あるとき、往年の名俳優アラステア・シムは、笑ってしまいたくなるような結論に達した。「自分は馬鹿だ」と悟ったのだ。

高い自己肯定感《セルフエスティーム》や「自分を愛すること」がまるで義務であるかのように求められる現代からすると、シムの考えはとんでもないものに思える。だが当のシムは、この悟りのおかげで自由になった。肩の荷がおりて一気にエネルギーが湧いた。そして何より、本当に大切なことに集中できるようになった。シムにとって、それは俳優という仕事だった。

シムはこう言っている。「自分は馬鹿なのだから、利口にならなくていい。馬鹿のままでいい。それが自分なんだから」

やがてシムはイギリスの演劇界・映画界を代表する俳優になった。なかでも映画『クリスマス・キャロル』のスクルージ役はシムの永遠の当たり役だ。

「自己肯定感」運動が主眼とするのはただひとつ、「自意識《アイデンティティ》」だ。その理論はシンプルである。自分をよく思っていない人は、自分が成功するにふさわしいとは思わない。だから何かと自分自身を妨害し、わざわざ失敗するようにふるまい、みじめな人生を送るはめになる。逆に、自己肯定感が高い人は、果敢に困難に立ち向かい、リスクを取り、高い山にも登れる。つまり、自己肯定感が高くなければ成功は望めない、というわけだ。

しかし、これは大きな間違いだ。

偉人たちの伝記を一冊でも読んだらわかるだろう。歴史上偉大な業績を残した人たちの大半は自己肯定感が低いのだ。


「私はずっと自己肯定感が低かった。今もそう」

——マライア・キャリー（シンガーソングライター）

「セルフイメージの問題がデカくて、とても自己肯定感が低い」

——デビッド・ボウイ（ミュージシャン）

「僕は僕自身にしかなれない。それがどんな人間でも」

——ボブ・ディラン（ミュージシャン）

ロックスターに限った話ではない。アインシュタイン、ヘミングウェイ、チャーチル、エレノア・ルーズベルト（フランクリン・ルーズベルト大統領夫人）、ロバート・ケネディ、ジョー・ディマジオ、アメリア・イアハート（女性として初めて大西洋横断に成功した飛行士）、トーマス・エジソン、エルヴィス・プレスリー、ケーリー・グラント、アルフレッド・ヒッチコック、エイブラハム・リンカーン、マザー・テレサ、マーティン・ルーサー・キング・ジュニア、ベートーヴェン、ウォルト・ディズニー。他にも大勢いる。

彼らの成功は、自意識とは関係なく、もっと強力で持続的な力によってもたらされたものだ。それは自分が創り出したい成果を実現しようとする力である。偉人たちは、自分自身にではなく、創り出しているものに意識を向けていたのだ。

人類を悩ませ続けるもの

自己肯定感《セルフエスティーム》を高めるために、米国では公共政策として毎年何百万ドルもの予算が組まれている。それが重要だとする社会のコンセンサスの結果だ。カリフォルニア州の「自己肯定感および個人的・社会的責任感向上タスクフォース」の資料（１９９０年）には、次の記載がある。「自己肯定感は社会的ワクチンの候補として最有力なものであり、人間が責任を持って生活するための力をもたらすものです。犯罪、暴力、薬物乱用への誘惑を断ち、未成年妊娠、児童虐待、長期の福祉依存、教育の失敗を予防します。自己肯定感の不足が、わが州およびわが国の悩みの種となっている、個人の不健全性や社会悪のほとんどを生む中心的な要因となっているのです」

かつて、アイゼンハワー大統領は「仕事に真剣になれ。自分にではなく」と言った。この言葉は、第二次世界大戦時にヨーロッパで連合国を勝利に導いた司令官からの実にいいアドバイスだ。しかし、理解するのは簡単でも、実行するのは難しい。なぜだろうか。

「汝自身を知れ」と古代ギリシアの昔から言い伝えられ、受け入れられてきた。その結果、自意識《アイデンティティ》の問題はふくれあがり、破滅的なパターンを生み出している。歴史的には差別や偏見、戦争や虐殺に至り、個人のレベルでは、何をやっても人目を気にしたり自意識過剰になったりするパターンである。

自己啓発業界の罪

自己啓発業界は、「自分自身をどう思っているか」こそが人生で最も重要な問いですよ、と語りかけてくる。アンソニー・ロビンスという自己啓発界の大物《グル》は「できるかできないかは、実際の能力とはほとんど関係ない。自分が何者であるかという自己信念の問題なのだ」と言っている。「実際の能力とはほとんど関係ない」とはよくも言ったものだ。偉大なミュージシャン、外科医、カーレーサー、映画監督、建築家、そして実際の能力が求められる他のあらゆる職業人のことを考えてみればわかる。人が実際に有能であるとき、自分自身についてどう思っていようと関係はない。関係があるのは、現実とつながっているかどうかだ。自身の能力を正しく捉えられていることも現実の一部である。物理学者で柔道の達人でもあるモーシェ・フェルデンクライスは、人間の学習プロセスを研究してこう述べている。「意志の力は、実行能力が不足しているときにだけ必要となる」。有能であればあるほど、意志の力は要らなくなる。「自分ならできる」と自分自身に言い聞かせなくてもよくなるからだ。

ふたつの戦略

ポジティブな思い込み《ビリーフ》を自分自身に植えつけるのと、実際の能力や経験を高めるのとでは、どちらがいいだろうか。答えは明快だ。ポジティブな思い込みと能力とでは、ほとんど必ず能力が勝利する。能力は現実に根ざしているからだ。能力はフィクションではなく、自信でもなく、確信でもない。

思い込み（自分をどう思っているか）と能力（何ができるか）はそもそも別のものであり、両者は関連していない。可能な組み合わせを示すと図のようになる。

右下の第四象限の組み合わせ（図1の④）は、スタンフォード大学の研究結果からよく知られるようになった。自分は能力が高いというポジティブな思い込みを持つ人たちのほうが、能力が足りないというネガティブな思い込みを持つ人たちよりもテストの点数が低かったのだ。

この研究から、自分は有能だという思い込みによって自分の力量への誤った過信が生まれること、一方で実際に有能な人は必ずしも自分の能力を信じていないことが明らかになった。

図1

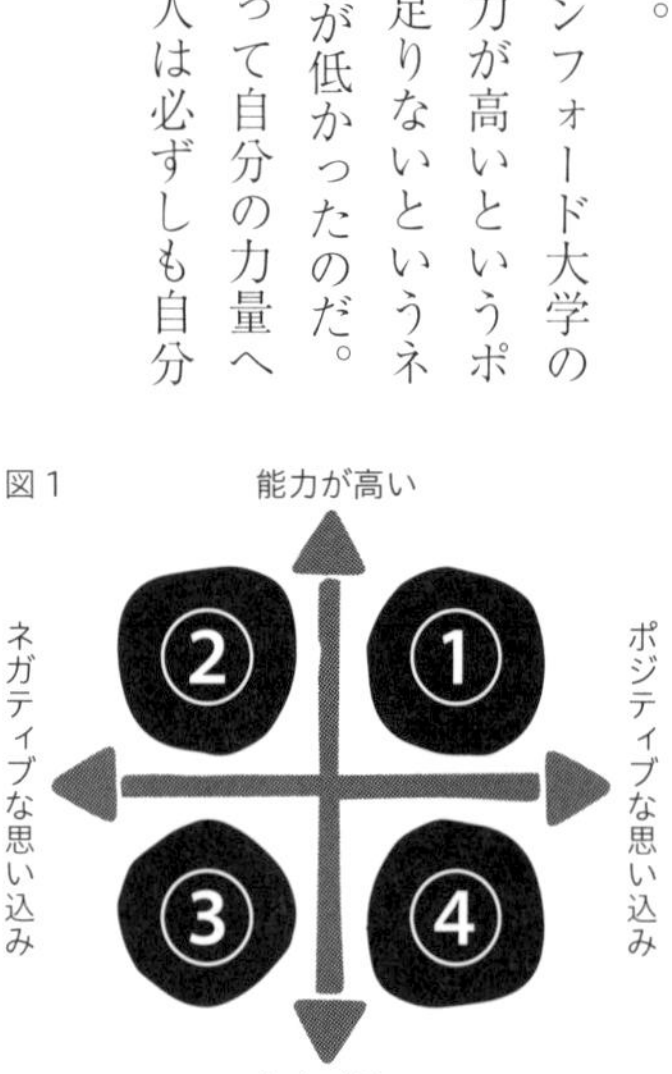

大物《グル》たちの誤り

ポジティブ思考の創始者の一人として知られるノーマン・ヴィンセント・ピールは、「自己を信じよ。自分の能力を信じよ。自分の力に、謙虚でこそあれ妥当な自信を持たない限り、成功も幸せも得られない」と述べている。いかにももっともらしく聞こえるが、この言葉は偉人たちの歴史によって否定されている。詳しく見てみよう。

「自己の力を信じよ」と言うが、証拠もなしにどうやって自己の力に信用を置けると言うのだろうか。もしこの言葉どおりにしようと思ったら、相当困ったことになる。根拠もないのに妥当な自信を持てというのは、現実を無視して正気を失えというのに等しい。この場合の現実とは、自分の実際の能力、達成してきた実績、学ぶ力、経験してきた成功や失敗のパターンである。

自己啓発界の草分けの一人、アール・ナイチンゲールは「人は自分が考えたものになる」と言っている。この言葉について考えてみよう。

「自分が考えたものになる」とはどういうことだろうか。これは、自分が何を考えているかに応じて自分が変わるという意味である。つまり、もし自分がよい人やポジティブな人、クリエイティブな人、素晴らしい人間になりたい場合、それに合致することだけを考えなくてはならない。批判的な考えやネガティブな思考を持ってはならないことになる。

さらに思考実験をしてみよう。文の構成はそのまま、一部の言葉だけ入れ替えてみるのだ。例えば、「人は自分が食べたものになる」としたらどうか。ステーキを食べれば、自分はステーキになる。鶏肉を食べれば、鶏肉になる。次に「人は自分が着たものになる」はどうか。ジーンズをはけば、ジーンズになる。イブニングドレスを着れば、夜はいつも都会にいて、パーティで目立つ存在になる。他にも「人は自分が読んだものになる」はどうだろう。『風と共に去りぬ』（マーガレット・ミッチェル著）を読んだら、あなたはスカーレット・オハラかレット・バトラーになる。もし『禅とオートバイ修理技術』（ロバート・M・パーシグ著、早川書房）を読んだら、禅師かオートバイになる。

自分のクルマ、自分の歯磨き粉、自分の教育、自分の心、自分の頭、自分の健康状態、自分の政治信条、自分の星占い、自分の心理……何かを自分と結びつけて考え始めると、途端にそれは自意識になっていく。自分が対象物になっていくのだ。この結びつけが作り事にすぎず、どれほど馬鹿げたものであるかは、少し考えればすぐにわかるだろう。「私は自分の髪の色だ」「鼻だ」「眉毛だ」「足の爪だ」「ほくろだ」「家風だ」「飼っている犬だ」「猫だ」「家の台所の流しだ」……こんな具合に、試してみるといい。

誤った測定指標

書店を巡ってみれば、「Love yourself《自分を愛そう》」と書かれたポスターが至るところに貼られている。Amazon.comで「Love yourself」と検索すれば、書名にこの言葉を含む書籍が5000冊以上見つかる。例を挙げれば、こんな感じだ。「いかに自分を愛するか」「自分の愛し方——自己肯定感を育むガイド」「人生は自分を愛せるかどうかで決まる」「自分を愛そう——自信を持ち、幸せになる方法」「自分を愛せよ——人生を変える秘密の鍵」「自分を好きになる方法——不安や憂鬱は克服できる」……。

鶏が先か卵が先かはわからない。幸せになるには自分を愛さなくてはならないという命題が先だったのか、それとも自己肯定感《セルフエスティーム》が足りなかったから不幸になったのだという解釈が先だったのか。いずれにせよ、自己嫌悪が失敗の原因だというのはよくある見方だろう。自分を嫌いだと悪い人生になり、自分を好きならいい人生になる、だから人は自分を好きにならなくてはいけない、という理屈だ。もし自分を好きにならなかったら、キャリアや恋愛の失敗は全て、低い自己肯定感という根本原因のせいだということになる。これがこの理論の特徴である。

一見ロジックが通っているように感じられるかもしれない。しかし、それはおかしい。実際には、行動、能力、戦略、学びのパターン、経験など、成功に不可欠な要素の関連を見なければならない。誰かが就職に失敗した場合、他の候補者の存在が成否に関連しているはずだが、「自分を愛そう」理論に基づくなら、本人が自分を十分に愛していなかったことが全ての原因になってしまう。誰かが結婚生活をうまく続けられなかった場合も同様で、やはり自己肯定感が足りなかったせいになってしまう。

昨今、何もかもが「実際にどうだったか」ではなく、「どれくらい自分を愛していたか」に還元される傾向がある。これは誤った測定指標だ。

好きか嫌いかは選択できない

これは人生における基本的な事実だ。世の中には、自分のことを好きな人もいるし、そうでない人もいる。どちらであっても、特段の意味はない。立派な人たちの中にも、自分のことを好きな人も、嫌いな人もいる。そして、自分を好きであろうとなかろうと、誰もが自分が望む人生を送りたいと思っている。これは自分を愛している度合いとは関係がない。

自分のことを好きでもいいし、嫌いでもいいし、その中間のどこであってもいい。自己愛測定がどんなレベルであろうと関係ない。人は自分にとって最も大事なことに携わっていたいものだ。心の奥底にある大切な価値観と合致した暮らしを送りたいし、自分の夢を叶えたいと思っている。そのことと自己愛は無関係だ。

ここで留意したいのは、自分を愛することと、いい人生を送りたいと望むこととは、独立した別の要素だということだ。相互に全く関連性がない。それなのに両者を結びつけて考えてしまうと、途端におかしなことになる。自分の中で間違った原因と結果が形成され、誤った印象に犯されてしまう。そして、「自分はいい人生を望んでいる」という、自己像とは関係のない明白な事実を見失ってしまうのだ。

確認のために、ひとつテストをしてみよう。「あなたは、いい人生を送りたいと望んでいるか」。答えは「はい」か「いいえ」の二択だ。この問いに「いいえ」と答える人はほとんどいない。自分のことをどう思っているかとこの答えとは関係がない。

自分が愛していない人のことを愛そうとしたことはあるだろうか。もしあるならば、あなたがどんなに真摯だったとしても、その試みがうまくいかないことは経験済みだろう。

人生には、選択できることがたくさんある。しかし、「好きか嫌いか」は選択できるものではない。もし選べるのなら、片思いなどというものは起こらないはずだ。自分のことを愛してくれる人を愛する選択をすればいいからだ。愛が選択できるものならば、報われない愛を歌った数多くのポップスやロックの名曲も一切生まれなかったことだろう。

この原則は、愛する対象が自分の場合も同じだ。あなたは、自分を駄目な人間に終わらせないためには自分を愛する必要があると考えてきたかもしれない。駄目な人間にならないように、実際に自分を愛そうと努力してきたかもしれない。だが、好きでない他者を好きになれないのと同じように、自分を強制的に好きにはなれなかったはずだ。

自分を好きになるための自己啓発のアドバイスには、鏡の中の自分を見つめたり、自分宛てのラブレターを書いたり、自分のことが好きだと繰り返しアファメーション（自己肯定の宣言）を唱えたりといろいろなものがあるが、どれも不毛な努力だ。「私は自分のことが大好き」と心にもないことを言うたびに、心の中の声は「私は本当は自分のことが好きじゃないからこんなことをしているんだ」と言っている。これはブーメラン効果、つまり逆効果だ。言えば言うほど反対のことが肯定される。「自分が大好き」は「自分が大好きじゃない」という意味に転換されてしまうのだ。

自意識《アイデンティティ》の諸問題

本書を読むことで、ほとんどの読者は自分に自意識《アイデンティティ》の問題があることに気づくだろう。自意識の問題を全く持っていない人は、ほとんどいないからだ。自分が自分自身をどう見ているか、他人にどう見られているか。たいていの人がそれを気にしている。人によって課題の深刻さはまちまちであろうが、自意識が人生を形づくる要素だと考えている人は、自分が人生で何を創り出し、達成し、学び、経験し、理解し、どこに到達するのかに自分で制約を設けていることになる。

なぜそう言えるのか。何かを学ぶときは、ひどく間抜けに見えたり、とんでもなく下手くそに見えたりするものだ。ぞっとするほどみっともなかったり、人をイライラさせるくらい不器用だったり、身の毛もよだつくらい無能に感じられたりもする。これは当然のことだ。学びのカーブは直線的ではない。何かに熟達するまでの過程には、辛く不快な時期があるのが普通だ。学んでいるのは、できないことをできるようにするためなのだから。

ここに自意識が入り込むと厄介なことになる。何かを学んでいるのなら、その自分はひどい状態に見えて当然だ。それなのに、無能に見えることがないようにそれを避けるようになる。それは学び自体を避けてしまうことだ。こうして、意識的に訓練しなければ身につかない技術や、難解な情報を読み解く力など、自分が人生で実現したい大事な成果を創り出すために必要な能力を得られなくしてしまう。

一方、学ぶこと自体にフォーカスしていれば、うまいとか下手とか、大したことないなとか、自分のことをどう思うかは関係なくなる。もっと有益な別の物差しに基づいて行動しているからだ。その指標とは、

「自分は、行きたいところにどれくらい近づいているか」である。

社会からの間違った働きかけ

私たちの社会は、わかったような言葉をあれこれ持ち出しては、人を自意識《アイデンティティ》の問題に誘い込もうとしてくる。「勇気を持て」「リスクを取れ」「ポジティブになれ」「自分を褒めろ」……。こうした働きかけは役に立つのだろうか。

コロンビア大学の調査によると、アメリカの親の85パーセントは、子どもに「あなたは頭がいい」と伝えるのが大切だと考えている。心理学者のキャロル・ドゥエック教授は、頭がいいと伝えられた子どもにどのような影響が出るのかを研究した。

結果は画期的だった。

実験は400人の小学5年生を対象に行われた。子どもたちをふたつのグループに分け、簡単な問題を解かせる。終わったとき、片方のグループの子はほめてやり、もう一方のグループの子はほめない。ほめ言葉は「よくできたね」というひと言だ。

その後、子どもたちに次に挑戦する問題を選ばせる。簡単なものか、難しいものかの二択だ。すると、ほめられたグループの子どもたちは、大半が簡単なほうを選んだ。一方、ほめられなかったグループの子どもたちは、90パーセント以上が難しいほうを選んだ。ほめられることによって、より高い成果を求めて困難に挑戦する意欲が削がれたのだ。

無闇にほめるようなテクニックは、意図した効果を生まない。それどころか、むしろ逆効果になる可能性が高い。自分自身にフォーカスすればするほど成果が出なくなる。社会の働きかけの意図とは正反対の結果だ。

社会からの働きかけがいかに間違っていて有害なものか、落ち着いて考えるのは難しい。今の世の中は「自分を愛することこそが人生の大仕事だ」と語りかけてくる処世訓に席巻されている。こうした自己啓発の格言は一見筋が通って聞こえるため、よかれと思って取り入れる人も多い。自分自身をドラマの主役に仕立て上げ、途方もない期待を自分に寄せ、素晴らしい世界を構築しようと試みる。だが、やがて、約束された幸せや満足がどうして得られないのかと首をひねるはめになる。

どうしたらいいのか。

人生の基本的な指向を変えることだ。何が大切かを測る物差しを変えるのだ。「自分は何者なのか」ではなく、「自分にとって大切なことをどれだけ創り出せているか」にフォーカスを移そう。それができたら、世界は一変する。必要な能力を身につけ、学び、行動し、適切な方針をもって創り出したい成果を創り出せるようになっていく。

読者の中には、いい自己イメージが大切だとずっと聞かされ続けてきた人もいるかもしれない。しかし本書を読むうちに、自己イメージなど全く大切ではないということがわかるだろう。本当に大切なのは、いかに効果的に自分が生きたい人生を構築できるかなのだ。本書では、そのことを構造的、精神的、心理的、医療的、そして生物学的次元で次々と解き明かしていく。

この章のポイント

- 自己肯定感《セルフエスティーム》が大切だという話は全て忘れること。世界の多くの偉人たちは、自己肯定感など持ち合わせていない。
- 自分を好きか嫌いかは選択できない。好きでも嫌いでもどちらでもいい。どちらであるかに関係なく、人は自分にとって素晴らしい人生を望んでいる。
- 無闇にほめるのは逆効果だ。自分を持ち上げるようなことはしてはいけない。
- 「自分は何者なのか」から「自分は望む結果をどれだけ創り出せているのか」にフォーカスを向け直すこと。

第２章

「理想」と「嫌な思い込み《ビリーフ》」

理想はどこから来るものか
レディ・ガガの涙
革命が始まる

理想はかなうのか

次の設問に、深く考えずに答えてみてほしい。

・自分の人生について、どんな理想を抱いてきたか。
・自分はどうあるべきだと思っているか。
・どんなふうに生きるべきだと思っているか。
・何を達成しなくてはならないと思っているか。
・何を考えなくてはならないと思っているか。
・どんな行動をしなくてはならないと思っているか。

若い頃、自分はこうでなければならないという理想の姿をあれこれ抱いたものの、そんな理想を一度もかなえられなかった、ということはなかっただろうか。そうなったのはあなたに問題があったためではない。理想というもの自体に問題があるのだ。にもかかわらず、理想を実現できないのは自分のせいだ、自分の失敗だ、やると言ったことをできなかった、自分は全然駄目なのだと思ったかもしれない。

理想の自分と現実の自分との間には、常に乖離がある。理想とは、自分がどうあるべきかを描いた抽象的な概念である。プラトンは、これを美徳と呼んだ。概念は実体としての価値を持つものではなく、志でもない。いかに生き、どう考え、どんな人間になるか、さらにはどんな職業に就くかについての観念であり、見解であり、一般論である。

「理想」という言葉は、何とも立派で素晴らしく感じられる。気高ささえ感じさせる。しかし、生きる上での物差しとしては間違っている。真の価値観にも志にもそぐわない。理想と価値観は混同されやすいので、違いを明らかにしておこう。

理想とは、自分がどうあるべきかを描いた絵だ。一方、価値観とは、実際に自分が大事にしているものだ。理想は外側から押しつけられるもので、価値観や志は自分の内側から生まれるものだ。別の言い方をすれば、理想は偽物で、価値観は本物である。

実のところ、こうあるべきという特定の正しいあり方など存在しない。ところが、理想という言葉は、そうしたあり方が存在することを指し示す。今の自分がそうしたあり方でないなら、自分に何か間違ったところがあるということになる。

「理想」という言葉の一般的な定義はこうだ。

理想（名詞）
人物や事物が完璧と見なされること。完璧さの基準。目指すべき指針。
類語……完璧、模範、鑑、輝かしい手本、極致、無比、夢

では価値観とは何か。この言葉はさまざまな意味で使われているが、正確に定義できる。真の「価値観」とは、自分が何をより大切であると思っているか、大切でないと思っているかから生じるものである。

理想が「よい」行いや「完璧な」ふるまいのモデルであるのに対し、価値観は一人ひとりの決定的な選択の積み重ねから成り立っている。特に複数の価値観が競合するような場合がそうだ。

例えば、自分の価値観の中に正直と優しさの両方があったとしよう。そして妹のコンサートに行ったら、気の毒なことに妹の歌がどうにも調子外れだったとする。コンサートが終わると、正直と優しさが葛藤を迎える。もし優しさのほうが上位の価値観なら「素晴らしかったよ！」と言い、正直のほうが上位なら「ひどかったね」と言うだろう。こうした価値観は人から教えられたものではない。この点は私たちの社会でよく誤解されていることだ。価値観は、実際に生きていく中で自分が選択したことから生まれているものなのだ。時間をどう使うかを考えたときのように、じっくり考え抜いた末の価値観もあるだろう。自動的に何かを選択しているときのように、自然と生成された価値観もあるだろう。価値観は自分固有のものだ。何が大切で何が大切でないかと自分が考えることによって成り立っている。

人は信用ならないのか

人間は信用ならない、放っておくと何をするかわからない、だから人がいかに生きるべきかを示す規範を与えておかなければならない、と考える人たちがたくさんいる。この規範が倫理や道徳などと呼ばれる体系になっていく。もしかしたら、そうした規範と価値観とは相互に置き換え可能なものだと思っているかもしれないが、実際には両者は全く異なるものである。

倫理や道徳は、理想とよく似ている。どちらも何が重要であるべきかについての概念群である。どちらも外部、例えば宗教や法律や哲学や政治思想から押しつけられる。そしてどちらも、根底にある前提が共通している。それは「人間は信用ならない」という基本的な考えだ。倫理や道徳の規範によって悪さをしないように統制する必要があるというわけだ。

ここで興味深い気づきが生まれる。価値観が人生をガイドすればするほど、倫理や道徳は不要になる。

著者の経験では、人が自分の人生を選択する力を持っているとき、その人は信用できる。誰だって、人生にいいことがあるのを心から望んでいる。例えば、よい人間関係、やり甲斐のある仕事、健康、実り多い豊かな人生。どうやったらそんな人生が創り出せるのかはわからなくても、望むことに変わりはない。もし、よい人間関係や、やり甲斐のある仕事や、健康を手に入れられるとしたら、手に入れるだろうか。もちろんそうするだろう。これは、理想を取り込むこととは違う。本当の志や価値観を認めることなのだ。

理想はどこから来るのか

理想はどこから来るのだろう。子どもの頃に出会った大人たち、つまり親や先生などの権威ある存在から来たという人もいるだろうし、ロックスター、スポーツ選手、俳優、有名人、歴史上の人物から来たインスピレーションだったという人もいるだろう。いろいろな起源がありうる。

若い頃に自分が取り込んだ理想について考えてみよう。その理想にふさわしい生き方をするのが大切だと思ったのかもしれない。ひそかに自分と交わした約束のようなものだ。そのときから、その理想に照らして自分を評価する日々が始まった。以来ずっと、心の奥底で、あるいは意識の最前線で、理想は幅を利かせ続ける。歳を重ねるごとにその理想は内在化され、やがて内なる裁判官や裁判員のように根を下ろし、ことあるごとに「理想にかなった生き方をしていない」と判決を下すようになる。実際にどんなに成功し、どんなに何かを成し遂げても、心の中ではその判決を受け入れてきたかもしれない。

多くの人が、何歳までにはこうなろう、と決めた理想を持っている。ある種の冒険を経なければならないという理想を持つ人もいる。そして首尾よく期限までに理想を実現できないと、がっかりする。もしこの現象が自分に当てはまるなら、立ち止まってもともとの前提を吟味したほうがいい。そもそもどうして特定の年齢までに何かになったり、何かをやったり、達成したり、経験したりしなくてはいけないと思ったのだろうか。その理想は、単に自分でこしらえたものだ。もともとでっち上げだったのだ。その理想は現実から導いたものではなく、純粋にフィクションである。

ところが、あまりにも多くの人々が理想に頭を乗っ取られてしまう。なぜそう感じるのかの理由さえわからないままに、罪悪感を覚えたり、落胆したり、自責の念に駆られたり、自分を恥じたりする。こうなってしまう原因は、理想の中にある。理想は、その本質として、そもそも実現不可能なものなのだ。

加えて、実はさらに大きな力がここに働いている。最も強い影響力を及ぼす理想は、往々にして自分自身についての嫌な、隠れた思い込み《ビリーフ》によって形作られているのだ。

嫌な思い込み《ビリーフ》を見つける

理想を抱き続ける最大の理由に迫るときが来た。それは、ずっとジェームズ・ボンドになりたかった、マザー・テレサになりたかった、というような話とは違う。最大の理由とは、「嫌な思い込み《ビリーフ》」の否定である。自分自身について無意識のうちに思い込んでいたこと、それを打ち消すために理想を抱き続けるのだ。あまりにも嫌な思い込みなので、それ自体が水面下に隠れ、そんなことを思い込んでいるという事実さえ覆い隠される。そして認知することも理解することもなくなる。

嫌な思い込みを抱いていたと気づいていないこともある。あまりにひどいことなので、直視したくないからだ。そして、見なくて済むように理想をこしらえる。意識的にではない。嫌な思い込みに対抗するために、理想が自動的に生成されるのだ。

嫌な思い込みを見つけるのは難しくない。理想の反対をさぐってみれば、おそらくそれが嫌な思い込みだろう。自分を臆病者だと思い込んでいれば、理想は勇敢であることだ。自分を頭が悪いと思い込んでいれば、理想は頭がいいことだ。自分を悪人だと思い込んでいたら、理想は善人であることだ。自分を無価値だと思い込んでいたら、理想は価値ある人間になることだ。

自己肯定感《セルフエスティーム》を持つことを重要視する現代においては、自分の持っている嫌な思い込みが理想を操っていると認めるのは難しいかもしれない。さらに言うなら、こういった構造の中に自分がどっぷり入っているときに、その構造自体を見るのは難しい。まずは視野を広げて構造から抜け出さなければならない。

一歩引いて外から見ることができれば、構造はわかりやすくなる。ずっと隠し続けていた嫌な思い込みをすぐに見いだすことはできなくても、それに対応する理想はだんだん見えてくる。それらはどんな理想だろうか。頭がいいこと、成功者であること、役に立つ人であること、よい人であること、価値のある人であること、目的を持っていること、勇敢なこと、強いこと、能力があること、特別であること……。では、なぜ自分はそうならないといけないのか。理想の裏に潜んでいる「嫌な思い込み」は、誰が知っているのか。実は、構造が知っているのだ。

ここから先、よくある嫌な思い込みと、それを否定するための理想の組み合わせを紹介していこう。

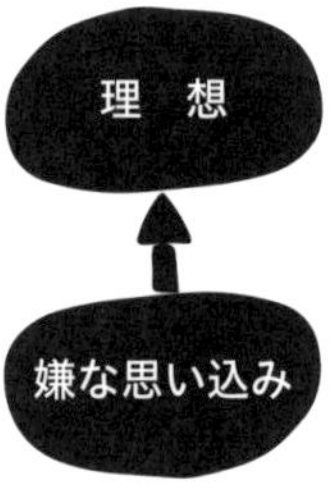

図2

例えば自分が臆病者で、臆病というのは受け入れられないことだとする。このとき、自分のいる構造は、その「嫌な思い込み」を打ち消す「理想」を生成する。本人は、そんなことが起こっているとはまず気づかない。しかしそうなると、ちょっとでも臆病に見える言動が絶対に許せなくなる。もし、自分自身が何かを怖がっていると気づいてしまったときには、まるで重大な罪を犯したかのように自分を厳しく叱りつけるだろう。

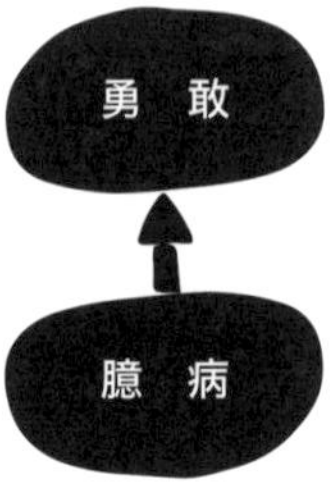

図3

次に、自分を頭が悪いと思っていて、頭が悪いのはこの世で最低のことだと思っていたらどうだろうか。自ずと理想は頭がいいことになる。

誰だって愚かなときはある。かのアルバート・アインシュタインでさえ、鍵と財布を時々なくしたといわれている。さらにひどいのはヴァイオリンに夢中になった話で、偉大なヴァイオリニストであるヤッシャ・ハイフェッツと共演する機会に恵まれた際、哀れにもアインシュタインはミスを連発し続けた。あまりのことに苛立ったハイフェッツは、「アルバート、どうしたんだ、数が数えられないのか？」と叫んだという。

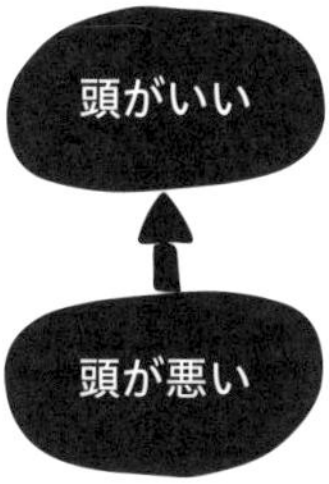

図４

自分が愚かな行動を取ってしまったとき、もしこの構造に支配されていたらどうだろう。たまに失敗するのはご愛敬だし、実は人間的だよね、などとはとても思えず、許しがたい行為と感じてしまう。

理想・思い込み《ビリーフ》・現実の葛藤

この構造には、「嫌な思い込み《ビリーフ》」と「理想」だけでなく、「現実」という要素も関わっている。「現実」とは、物事が実際にどうなっているかということである。勇敢を理想とする人も、実際にはときどき臆病風に吹かれる。価値ある人間であることを理想にする人も、実際にはビーチでのんびり休日を過ごし、そんな時間が許されるほどの価値を作っていないのではないかと自分を責めたりする。勝つことを至上としている人も、実際には負ける。

こうした構造を、「理想・思い込み・現実の葛藤」と呼ぶ。いったいどれほど多くの人たちが、この構造の中で暮らしていることか。

理想・思い込み・現実の葛藤は、ある戦略を作り出す。戦略といっても、いかに自分を騙して思い込みを隠せるかを毎晩考え抜いて立てたような代物ではない。そうした意識的な戦略ではなく、ひとりでに生成される戦略だ。自分が自分自身をどう見ているかという本当の見解を打ち消して、他のもので埋め合わせる戦略である。

この戦略には、ふたつの戦術がある。ひとつは「アファメーション（自己肯定の宣言）」、もうひとつは「体験カタログ」だ。これらによって、理想を強化し、隠された「嫌な思い込み」を打ち消すことを狙う。それぞれ説明していこう。

まずアファメーションを実行することで、自分はすでに理想の自分だと自分自身に言い聞かせる。自分を臆病だと思っている人は、「自分は勇敢だ、自分は勇敢だ」と言い聞かせる。自分を無価値だと思っている人なら、「自分には価値がある、そう、価値があるんだ」と言い聞かせる。

自己啓発運動のベテラン層にとって、アファメーションは特に魅力的な方法になりうる。バスルームの鏡に向かって自分の目の奥底を見つめ、「私は大成功している、私は大成功している」と繰り返し唱える。彼らは潜在意識をプログラミングして、自分の思い込みとは異なる何かに自分を変えようとしているのだ。

考えてもみてほしい。ウォーレン・バフェットが鏡を見て「私は偉大な成功者だ、私は偉大な成功者だ」と唱えたりするだろうか。ケイト・ブランシェットが鏡を見ながら「私は大女優、私は大女優」と繰り返したりするだろうか。もちろんそんなことはない。こうしたテクニックは役に立たないだけでなく、後述するブーメラン効果を生むだけだ。

嫌な思い込みを覆い隠すもうひとつの戦術は、理想にかなう自分の「体験カタログ」を作ることだ。自分を臆病だと思い込んでいる人なら、ハンググライダーやエクストリームスキーに挑戦したり、オフロードバイクで崖を飛び越えたり、危険な登山をしたり、サメと泳いだり、何かヒーロー的な体験をすることがこれにあたる。

こういう活動にいそしむ人が皆この構造の中にいるわけではない。純粋に自分を追い込むのが好きで、冒険を楽しむ人たちもいる。しかし、臆病を隠すためにこれをやっている人は、楽しむためではなく、「勇敢さの証明」が必要だからやっているのだ。証明してみせる相手は、自分を知る他の人たちと、自分自身だ。なぜそんな証明をするかといえば嫌な思い込みを打ち消すためなのだが、これは皮肉なことに逆効果となる。証明しようとすればするほど隠れた思い込みが強化される。そもそも、自分を臆病だと思っている人以外に、自分の勇敢さを証明したいと思う人がいるだろうか。勇敢な体験のコレクションを増やせば増やすほど、自分が自分を臆病だと思っている思い込み、つまり嫌な思い込みが強化されていくだけなのだ。

自分を馬鹿だと思い込んでいる人は、実際にはとても賢いことが多い。単に自分ではそう思っていないだけだ。そこで埋め合わせの戦略として、いくつも学位を取得したり、人を感心させるような知識を蓄えたり、わかったふうなかっこつけたコメントをしたりするような方策に出る。自分が思っているような馬鹿ではないことをなんとかして証明しようとするのだ。

ここでも逆は真ではない。学位をいくつも持っているからと言って、その人が自分を馬鹿だと思い込んでいるとは限らない。学位の取得は生来の好奇心や職業的関心からだったのか、それとも己の知性のシンボルのためだったのか。見るべきなのは行動の動機だ。

天体物理学者のリアリー・ゲイツはこう記している。

「知能は遺伝する」。この一見さりげない言葉のどこに、人生を根底から変えてしまうほどの反応を引き起こす力があるのだろうか。40年近く前、高校生だった私は、他のクラスメートたちと植物学の後期の授業に耐えていた。どんなきっかけで先生がその話をしたのか覚えていないし、そもそもなぜ植物学の授業で知能の話が出てきたのかもわからない。本当を言うと、たぶん私は授業をろくに聞いていなかった。でも、どういうわけか、この言葉が耳に入ってきてはっと目が覚めた。「知能は遺伝する」。重要な公式がいきなり与えられた気分だった。自分が何者なのか、いや、自分がどんな価値を世の中に提供するのか、それを解き明かす公式だ。当時は気づいていなかったが、私は教育を受ける大切さをずっと聞かされて育っていた。これは主に母親からだった。母は自分の人生に不満を抱えていた。結婚した男は期待した収入や成功をもたらしてくれなかった。だからよい教育を受けてよい仕事に就くことが大事で、よい教育を受けるということは、知能が高いということを意味していた。

ところが、この「知能は遺伝する」という言葉で、私がずっと信じてきた「教育が成功への道だ」という考えが根底から覆されてしまった。知能が遺伝するもので、その知能が成功の要件なのだとしたら、自分の成功は血筋次第ということになる。しかし励みになるような証拠は見つからなかった。父にも母にも知能の高さを示すような兆候は見られない。どちらも高校を卒業していない。読書もほとんどしない。母がゴシップ雑誌を読みあさる程度だ。腐った政治家と税務署に文句を言うくらいで、時事問題にも関心がない。それでも、私は生物学の授業で隔世遺伝について学んでいたので、家系図をさらに遡っていった。結果はあまり変わらなかった。少しはましな先祖もいたが、失意の17歳の少年に希望を与えるような発見はひとつもなかった。

こうなったら、自分が成功するためには意地でも遺伝の法則に逆らうしかない。でもどうしたらいいかわからない。唯一わかっていたのは、自分の賢さを証明したいということだけだった。

それで、私は『重力理論』という分厚い本を持ち歩くことにした。ミスナー、ソーン、ホイラーという高名な物理学者たちの大作だ。高校生が読むようなものではないが、どこに行くときも肌身離さず、1279ページ、重さ約3キロのこの本を持ち歩いた。一度も読まなかった。これを持ち歩いている自分を人が見たらどう思うかと考えるだけで気分がよくなって、大学生になるまでの間ずっと、自分のアイデンティティのお守りになった。

子供の頃になりたかったパイロットの夢は捨てた。空軍士官学校への推薦も断った。もっと頭を使う道を求めた。それが新たな動機づけだった。士官学校から届いた「志に挑戦する男」への招待状も、知的自由を約束するコロラド大学の分厚い履修要項にはかなわなかった。

新たな道として選んだのは、天体物理学だった。何ともかっこいい知的な響きがあるじゃないか。ロケット科学者になれるのは賢い人間だけだ。これで決まったと思った。でもそうはいかなかった。大学3年生のとき、自分のアイデンティティの最大の危機に陥った。そのとき、翌日締め切りの量子力学の宿題をやっていた。午前3時なのに、大気宇宙物理学研究所のオフィスにいた。かっこいい名前の研究所だから、頑張ってここのインターンになったのだ。シュレーディンガー方程式の導出の6ページ目あたりを見ているとき、この宿題を終わらせるのに必要な時間の見積もりをひどく間違えていたことに気づいた。激しい苛立ちが沸き上がり、頭を抱えて「もう駄目だ、知能の限界だ」と声に出して言った。昔あったCMで、ネットサーフィンしていると「ここがインターネットの限界です。もうこれで全部です」というポップアップが出てくるのがあったが、まるでそのCMに出てくる若者のようだった。

今考えると滑稽だが、そのときの自分にとっては死ぬほど深刻だった。自分が不良品のように思えたし、自分には成功するに足る知能が根本的に欠けているのだとさえ思った。「知能は遺伝する」という言葉のとおりだったのだ。遺伝という沼から抜け出そうとしたところで、無駄な抵抗だったのだ。もうおしまいだ、と思った。

自分のことを頭が悪いと思っていて、でも実際には頭がいい人は、「本当は頭がいいことを証明してやろう」と考えることが多い。それでどうするかといえば、やはりアファメーションか体験カタログだ。アインシュタインは「私は頭がいい。私は頭がいい」と毎朝唱えて一日を始めたりしなかった。アファメーションは逆効果であり、嫌な思い込みを強化するだけだ。繰り返すが、自分は頭が悪いと思い込んでいる人でもなければ、わざわざ自分は頭がいいなどと言う必要はない。

もうひとつは、頭のよさによって達成できた事柄を証拠として集めて、嫌な思い込みを打ち消そうとするやり方だ。「ほら、クラスで一番だったし、卒業生総代だったよね。他の秀才たちに思いつかなかった画期的なソフトウェアも発明したよね。数学のノーベル賞をとって、タイム誌が現代の天才と呼んだじゃないか。だから、とっても頭がいいに違いないよ」

こうした議論は完璧に正しい。私たちから見たら、こういう人はまぎれもなく天才だ。しかし本人の中では嫌な思い込みが居座っている。それどころか、こうして並べ立てられた達成記録によって、嫌な思い込みは強化される一方だ。

嫌な思い込みを見つけると、人は本能的にそれを変えようとするか、頭から消し去ろうとするものだ。当然だ。嫌な思い込みを思い込んだままにしておきたくはない。でも、どうやって思い込みを消すのだろうか。

要するにふたつしかない。理想のアファメーションと体験カタログだ。しかしすでに見たように、どちらもうまくいかない。嫌な思い込みを強化するだけだ。

だったら問いを変えてみよう。「どうやって嫌な思い込みを消すか」ではなく「どうやって生きたい人生を創り出すか」にシフトするのだ。たまたまどんな嫌な思い込みを持っていようと、それとは関係なく。

嫌な思い込みを変えるのがなぜ困難を極めるかといえば、それが事実に基づいていないからだ。例えば、飛行機の操縦法を知らなかった人が訓練を受けて飛べるようになれば、自分に対する認識は当然のように「私はパイロットではない」から「私はパイロットだ」に変わる。

ところが、自意識《アイデンティティ》についての思い込みは現実に根ざしていない。自分が誰でどんな人間なのかを定義する方法はない。自己イメージは現実そのものとは関係なく成立してしまう。だから現実に何が起ころうとも、嫌な思い込みは変わらない可能性が高い。嫌な思い込みはずっと残り続けるのだ。

だとすると、問題は、嫌な思い込みが人生にどんな影響を及ぼすのか、ということになる。

レディ・ガガの涙と嫌な思い込み《ビリーフ》

2011年にHBOが製作したビデオ「レディ・ガガ――ザ・モンスター・ボール・ツアー・アット・マディソン・スクエア・ガーデン」のオープニング場面は、レディ・ガガがコンサート会場近くのデリでコーヒーを買うシーンから始まる。店を出て、近くにいたファンと言葉を交わし、待たせていたリムジンに乗り込む。自分の名前がでかでかと書かれた看板が掲げられたマディソン・スクエア・ガーデンの脇を通りかかったとき、「あれを見て」と独り言を言い、手で涙を拭う。

その後、楽屋のシーンで、メイクを進めながら鏡を見つめる彼女は泣き始める。「わかる？　今でも時々自分が負け犬みたいに感じるの。おかしいでしょ。こうしてマディソン・スクエア・ガーデンにいるのにね。でも、いまだにどうしようもない高校生のときみたいな気分になる」。さらにひとしきり泣いてから、うつむいたまま「ごめんなさいね」と楽屋にいる人たちに言う。

いや、ちっともおかしくなんかない。レディ・ガガは自分の本当の気持ちと通じているのだ。そして、彼女の現実が正反対を示していることに注目してほしい。この映像が撮影されたとき、レディ・ガガはショービジネスの頂点に立っていた。収入は群を抜き、ファンの数も売り上げも天文学的な数字を記録していた。最高の曲やビデオが作られた時期だった。その時点でグラミー賞のノミネートが12、受賞は5回を数え、『ビルボード』誌の2010年の最優秀アーティストと最高売上アーティストに選出されていた。『タイム』誌の「世界で最も影響力のある100人」の一人となり、『フォーブス』誌の「世界で最も稼ぐセレブリティ」100人にも入った。アーティストとしてもプロフェッショナルとしても、「負け犬」などという言葉はレディ・ガガから最もかけ離れた言葉だと言っていい。

しかし、レディ・ガガは彼女が創り出した素晴らしいキャラクターそのものではない。別の実名を持ち、別の実人生を持つ一人の人間だ。だから、実人生では地上の全ての人々と同じ力学にさらされている。そう、自分の嫌な思い込みを持っているのだ。

レディ・ガガほどの輝かしい実績を持ってしても嫌な思い込み《ビリーフ》は消えなかったし、これからも消えることはないだろう。これを聞いたら、自己肯定感《セルフエスティーム》運動の人々は顔色を変えることだろう。「思い込みを変えられないとは一体どういうことだ?」と。そのあとの講釈はおなじみだ。自己肯定感がなぜ重要か、どうやってそれを維持し高めていかなくてはならないのか、である。自己肯定感主義の現代社会へようこそ。

現実には、どうやっても人間の定義を決定づけることなどできない。自分が、いいのか、悪いのか、ほどほどなのかは、例えば自分がアメリカに住んでいるといった事実のように、確認して決められることではない。自己に関する嫌な思い込みは事実に基づいていない。だから自分がたまたま思い込んだ事柄がずっと続くだけなのだ。その思い込みが好きか嫌かにかかわらず。

希代のロックスターが、自身の最高記録をさらに塗り替えようとしている。そして、泣きはらしている。自分に正直に生きることなくして、アーティストとして生きることはできない。多くの人は、自分の嫌な思い込みを自分から隠し続け、たまにそれが頭をもたげるのに気づく程度でいられるかもしれない。だがそれはアーティストには許されない。売れていようといまいと、自分自身の深いところにある真実と向き合うことになる。アーティストでいることには、深い真実を要するのだ。自分の奥深くまで掘り下げ、全てを見ること。嫌なものも、いいものも、その間のものも、全てを。

全てがむき出しになる。逃げ場もなければ格好をつけることもできない。威厳や自尊心や信念にしがみつくこともできない。真実を前にしたとき、それらはどれも幻想でしかない。ある種の強さ、あるいは勇気のようなものが要る。そうでなければ、アートでしか到達し得ない真実を表現することはできない。

ビデオの中で、やがてレディ・ガガは嫌な思い込みを抱えたままステージに立ち、度肝を抜くパフォーマンスで超満員の観衆を興奮の渦に巻き込んだ。結局、素晴らしいステージを創り出すのに、彼女が自分をどう思っていたかは何の影響も及ぼさなかったのだ。全く、ほんの少しでさえも。

本書で探求する重点のひとつは、嫌な思い込みを含めて、自分自身の思い込みを徹底的に知ることだ。その目的は、思い込みを変えることではない。思い込みと親しめるようになることだ。理想を抱く理由のひとつは嫌な思い込みを自分から隠すことにあるのだから、ひとたび思い込みの正体を暴いてしまえば、もう隠す必要もなくなる。

ここで大事なことは、嫌な思い込みがあっても、自分の大切な価値観に則って自分の大切な志を果たすのに、何の妨げにもならないということだ。自分に対する思い込みと、望む人生を創り出すことの間には、何の関係もない。これは、今まで聞かされてきた常識と正反対ではないだろうか。今までは、自己認識次第で人生が決まると言われてきたことだろう。しかし、単刀直入に言おう。それは間違いだ。そう、これは革命なのだ！

革命が始まる

私たち著者は、本書の内容が波紋を引き起こすだろうとわかっている。まず読み始めたところで、多くの読者が反発する。特に、自己啓発や潜在意識のプログラミングなどを進めてきた読者にとっては、嫌な思い込み《ビリーフ》を放っておいてよいという本書の考え方は言語道断だろう。それは予期した反応だ。これまでの自己啓発の世界では、根底にある構造のことは理解されていなかったからだ。

自己啓発を推進する人たちの多くは善意の持ち主であり、構造による力学の作用を真に理解する機会が得られれば、考え方が変わる可能性は大いにある。そう、考え方を転換するのはいいことだ。実際、過去に自己肯定感《セルフエスティーム》やポジティブ思考のセミナーを開催していた人たちの中には、そうしたアプローチが長期的に受講者に逆効果であることを目の当たりにした人もいた。自己肯定感に関する研究においても、自己肯定感運動が有益でないどころか、明白に有害だと結論づける報告が相次いでいる。

心理学者アルバート・エリスは、自己肯定感運動は本質的に自滅的であり、最終的には破壊的であると結論づけている。エリスは、自己肯定感の哲学は非現実的かつ非論理的で、個人に対しても社会に対しても弊害が実益を上回りやすいと批判した。エリスの指摘によると、自己肯定感は過度に一般化され、完璧主義的な途方もない理想を基にして、恣意的に定義されている。結果として、これを高めようとする実践は不合理で不道徳だという。

社会心理学者のロイ・F・バウマイスターとジャーナリストのジョン・ティアニーは、自己肯定感の効果は著しく反生産的で、親が子どもの自己肯定感を高めようとすると、かえって自律的な行動を阻害することを明らかにした。

自己肯定感がもたらす影響を知る上で、心理学者のドン・フォーサイスらによる実験結果は興味深い。

彼らは成績が悪かった生徒たちをふたつのグループに分けて実験を行った。一方には、それぞれの成績と練習問題が書かれたEメールを送った。もう一方には、同じく成績と練習問題に加えて、「胸を張って自信を持て」といった自己肯定感を高める励ましのメッセージを添えた。結果は意外なものだった。励ましがなかったグループの得点は変わらず、励ましが与えられたグループの得点は悪化したのだ。自己肯定感を上げる介入が逆効果となり、失敗をさらに深める結果を生んだのである。

Amazon.comで「self esteem（自己肯定感）」と入れて検索すると、11万4500冊以上がヒットする。その大半が、本当に思っていることを思ってはいけない、嫌な思い込みを持ってはいけない、などと説いていて、現実に作用している力学を理解していない。受け入れがたい事実かもしれないが、自分の自己イメージを変えることなど、まずできないのだ。だいたい「もうおしまいだ」と思っているときに、実際におしまいであることはない。自己啓発や自己肯定感の推進者たちは、自己イメージが成功の確率と密接に結びついているという無意識の前提を持っている。前章でも言ったが、もう一度声を大にして言おう。「偉人たちの伝記を読んだことがないのかい?」と。

心理学者のジーン・M・トゥエンギは、著書『ジェネレーション・ミー（Generation Me）』（未邦訳）の中でこう記している。「人種グループ別に見たときに、米国で学業成績が最も高いのはアジア系アメリカ人だ。アジア系アメリカ人の成人は、失業率が最も低く、平均収入が最も高い。アジアの文化では、自己肯定感ではなく勤勉さが重視される。おそらくそれがアジア系アメリカ人のパフォーマンスの高さの理由だ。そう考えると、成功するためには自尊心が不可欠だとする現代アメリカの考え方は間違っていることになる」

あなたは、自分で思っている自分自身の姿が好きではないかもしれない。理想・思い込み・現実の葛藤に取り込まれていると、その構造が嫌な思い込みを隠そうとするため、思いがけず人生は葛藤の中に放り込まれる。本当に大切な叶えたい望みと、嫌な思い込みを隠すための理想に向かおうとすることの葛藤である。

本書では一貫して、自分の人生を創り出すプロセスと自己イメージは無関係だと明らかにしている。この認識が変わることが、まず第一歩になる。自分の人生を創り出す力に自分自身が熟達する将来に向けて、それにふさわしい土台を構築するのだ。

ここまで読んだ時点で、あなたはこの新しい認識の入口に立っているのではないだろうか。だとしたら、いいスタートを切っている。まだまだ知るべきことがある。この変化を遂げると、最終的には今まで体験したことのない自由を手にすることになる。変化は一生続く。あなたは時とともに成長する。新しいことや未知のことに心が開かれ、好奇心に溢れ、自己イメージに制限されることのない自分の本当の望みに向かっているようになるだろう。

この章のポイント

- 「嫌な思い込み《ビリーフ》」というものがある。
- 「嫌な思い込み」は自分にとってあまりにも脅威であるため、心はその存在を意識から隠そうとして、対極にあたる「理想」を自動的にでっち上げる。

- 人は、アファメーションを行ったり、理想に見合う体験を集めたりして、「嫌な思い込み」を打ち消そうとする。
- しかし、アファメーションも体験カタログも逆効果になるだけで、「嫌な思い込み」をますます強化してしまう。そもそも、嫌な思い込みを持っていない限り、それを打ち消すような悪あがきをするはずがない。
- 「嫌な思い込み」は変えられない。現実に根ざしたものではないからだ。ただし、本当に創り出したい成果にフォーカスを合わせ、どう見えるかを気にするのをやめれば、自分をどう思っているかは問題ではなくなる。
- 嫌な思い込みを打ち消そうとして時間を無駄にするのはやめよう。
- 自分のことをどう思っているかは、人生を創り出すプロセスに影響しない。
- これらは驚くべき新事実だろう。右記のポイントは全て、あなたの人生を変える可能性を持っている。

第３章

あなたは誰?

エコノミストの侮辱
デヴィッド・ボウイは自分が何者か知らない
ヘラクレスのように働く

エコノミストの侮辱

自分をどう定義したらいいだろうか。乗っているクルマ、住んでいる場所、年収、子供の成績、政治、宗教、職業、使っている歯磨き粉の種類……。定義の方法は無数にある。

あるパーティで、一人のエコノミストが人間の価値は収入に直結していると言い始めた。たまたま同席していたもう一人のエコノミストは収入の少ない研究者だったのだが、一人目のエコノミストはどれだけ稼げるかで人の値打ちが決まるという信念をどんどん展開して、はからずももう一人のエコノミストを侮辱することになっていた。

これは極端なケースだ。だが、極端な物言いは、概念の正体を見えやすくしてくれる。

概念がもっと控え目に表現されると正体はわかりにくくなるが、基本的には同じことだ。世間的な成功によって人間を評価するという概念を持つ人は多い。経済学者のソースティン・ヴェヴレンが提唱した「誇示的消費」という理論がある。金持ちがやたらと金を使うのは、財やサービスそのものを楽しむためではなく、過剰な消費によって富やステータスを見せびらかしたいためだというのだ。

あなたは誰？　それを知ってどうするの？

「あなたは誰？」という自問自答ほど重要な問いは他にないという人がいる。この問いのどこがそんなに重要なのだろうか。これは答えようのない問いだ。だから、答えようとする前に問い返す必要がある。「それを知ってどうするの？」と。

少し論理を使ってみよう。人は、自分の持ち物にはなれない。何かを持っていても、それに「なる」ことはできない。持っている「何か」は自分自身にはなりえない。クルマにはなれない。クルマは持つものだ。美貌にもなれない。美貌は持つものだ。心にも霊にも魂にもなれない。政党の党員資格、国籍、信条、信念、財産、成果、失敗、成功、銀行口座……どれも、持つものであって、なることのできないものだ。

これまで、自分自身をどう定義してきただろうか。「自分が持っているもの」や「持っていないもの」によって定義してしまってはいなかっただろうか。自分の業績、挫折、教育、所属グループ、アイデア、政治、セックスアピール、知性、道徳律、宗教観、など。これは人間が簡単にはまる罠だ。

人を職業と同一視することは多い。医師は医療の知識と技能を用いるプロであり、パイロットは航空技術を使いこなすプロだ。音楽家は音楽のプロ、タクシー運転手はタクシーの、ダイバーはダイビングの、コンピューター技師はその技術の、というふうに。

この手の定義は事実に則していて、それぞれに固有の客観的現実がある。しかし、どんなに客観的事実を集めたところで、その人の本質を定義するには至らない。

職業には特有の知識や能力や資格が求められる。特別な才能や学習能力を要することもある。その職能は大いなる尊敬に値することも多い。しかし、どんな職業であっても「あなたは誰？」という問いへの答えにはならない。スキルや知識や資質は「持つもの」であって、あなた自身ではありえない。クルマになれないのと同じことだ。

自分を定義することの不毛さ

自分が誰なのかよりも、自分が何でないのかを答えるほうがずっと簡単だ。しかし世の中には「あなたは誰？」という問いへの一般回答が溢れている。世界観次第でさまざまな一般化が行われているのだ。スピリチュアルな観点では、人間は物質化した霊だと言える。愛だとも言える。救済を要する罪人だとも言える。

心理学的観点からは、病理状態だとか抑圧だとかトラウマだとかゲシュタルトだとかと言うことができる。

共産主義的観念からは、労働者《プロレタリアート》だ、資本家だ、ブルジョワだと言える。マルクスに言わせれば、こうした役割が階級闘争へとつながる。イデオロギーがたいていそうであるように、共産主義も人の自意識《アイデンティティ》に訴えている。賛同者はすなわち正義の味方であり、それ以外は悪者となる。

東洋思想の観点からは、人は高次の自己《ハイアーセルフ》であり、幻やカルマに邪魔されている。解脱に至り、究極の自己を悟ることが理想だ。ただし解脱に至る前に自己を知ることはできない。したがって自分を定義することはできない。どんなに確信があろうと、その確信に「なる」ことはできない。前述したように、持っているものになることはできないからである。

このように見てくるとよくわかる。いかなる定義も不毛であり、誤解を生むものばかりだ。自分が何者かを言葉にすることは誰にもできない。この問いに正解は存在しないのだ。にもかかわらず、実に多くの人たちが自分自身を定義したがる。そうすることで、自分の居場所を見つけたり、他の人たちとの関係から立場を定めたりできるからだ。「私は牡羊座です」「強迫性障害です」「私はB型です」「私はベジタリアンです」というふうに。医者やパイロットのような職業も便利な定義だが、それとて「何をする人か」を教えてくれるだけで、本質を定義するものにはならない。

人間とはその人の経験・学習・思考・行動・知識を全部足し合わせたものだ、という説もある。しかしそれは違う。経験の前も後も同じ人間であることに変わりはない。新しい職業に就く前の自分も、就いた後の自分も、ベテランになった自分も、全て同じ自分だ。

いろいろな言葉で自分を説明することはできる。好きなことや嫌いなこと、何を愛し、何を恐れるのか、価値観や志、いい癖や悪い癖、大事にしている人たち、宗教、家系、経歴など。人は自分自身について、実にたくさんの知識を得られる。それでも、私たちは私たちの理解した知識ではない。

実は、こうして自分を知るのはいいことだ。人生を構築するプロセスにおいて、自分自身の好き嫌いや傾向、価値観などは貴重な情報となる。だからと言ってそれが「自分は誰？」に対する答えにはならない。

自分が何者かなどと問うのをやめる

デヴィッド・ボウイは、あるときこう言った。「自分の正体を知ろうとなんてしなかったよ。そんな自問をやめればやめるほど楽になった。自分が何者かなんて全然知らないし、それですごくハッピーなんだ」

伝説的な演技指導者のステラ・アドラーは言う。「多くの人が『私は誰なの』と問い続けます。私もそうでした。あるとき、この問いには答える術がない、という重大な壁に直面しました。でも、もがき苦しむ中で偶然、ある作家の言葉に出会ったのです。『己が何者かを探し求めるな。己にできることを見つけ、

ヘラクレスのように淡々と行え』」（アドラーが言及している作家はトマス・カーライルである）

ひと言で言うと、こういうことだ。「自分が何者かなどと問うのをやめること」。深遠なる謎から自分を解放しよう。誰もその答えは知らないし、知りようがないのだから。

答えを教えてくれようとする親切な人がいたら、だまされないように注意しよう。たとえ善意だったとしても、その人だって答えを知らないのだから。

誤謬に満ちた概念をありがたく受け取ってはならない。耳に心地よい嘘が皆そうであるように、一時しのぎの安らぎはやがて消え去っていく。

この章のポイント

- 自分が何者なのかを知ることはできない。知る必要も全くない。

第４章

目に見えない構造

遺伝でも教育でも宿命でもない
ベルヌーイの定理、弓矢の原理
勝ち組という自意識

構造が人生を決定する

人生の中には構造があって、構造が物事を決定している。このことをほとんどの人が知らない。構造自体はたいてい目に見えないが、同じパターンを繰り返し作り出している。一歩下がって自分のこれまでの人生を俯瞰してみれば、ふたつのパターンがあることに気づくだろう。「揺り戻しパターン」と「前進するパターン」だ。

「揺り戻しパターン」は、ロッキングチェアのようなものだ。前に進んだら後ろに戻る。頑張って重要な目標を達成しても、その後で逆転が起こる。どういうわけか嫌な方向に進み、手に入れた成果を失ってしまうのだ。ケースバイケースで詳細は違っても、パターン全体としてこの流れは変わらない。この現象を専門用語で「マクロ構造パターン」と呼ぶ。

もうひとつの「前進するパターン」は、もっとハッピーエンドになる。成果を上げると、それは次の成功のための土台となる。このパターンの成功は長続きし、将来の成功のための基礎になる。

私たちは本書を通じて、読者のあなたが「前進するパターン」を創り出す手助けをしたい。その目的を達成するために、本書のテーマである自意識《アイデンティティ》について考えていく。読み進めるにつれて、自意識の問題がいかに揺り戻しパターンを呼び寄せ、成功を台無しにしてしまうものかがわかるだろう。自意識のさまざまな面を探求することで、自滅的な揺り戻しパターンを脱し、前進するパターンへと移行することができる。それが人生を創り出す健やかなプロセスへの最高の礎となるのだ。

根底にある構造とパターン

何かのふるまいは、「根底にある構造」によって決まる。例えば、ビルの中を歩いているとしよう。下の階から上の階にどう移動するのか、どの廊下を通るのかなど、歩くルートは建物の構造によって決まる。自動車のエンジンの場合はどうか。エンジンの構造のおかげで自動車はA地点からB地点へと移動できる。道路ならどうか。道路の構造によって、どこをどう通れるか、通れないかが決まる。スーパーマーケットについてはどうだろう。何本もの通路ごとに食料品が並んでいて、どこに何が置かれているかで、買い物をするルートが決まってくる。

こうした物理的な構造と同じく、人生が進むルートも構造によって決まる。動ける方向が決まっている場所もあれば、ときには行き止まりや袋小路、一方通行の場所もあるだろう。揺り戻しパターンの構造の中にいると、どんなに誠実に努力しようとも、どんなに強い決意を持とうとも、どんなに有能で優秀であろうとも、物語はいつも同じ結末をたどる。成功は長続きしない。逆戻りするはめになり、最後には望んでいたものを失ってしまうのだ。ビジネスの成功は一転して損失に陥る。最高の人間関係が築けたと思ったらすぐに崩れる。うまく船出したプロジェクトが頓挫して崩壊する。

こういうことが起こるのは自分の運命だと思うかもしれない。あるいは星の定めだ、カルマだ、宿命だ、と。しかし、そんなものは一切関係ない。原則をもう一度繰り返そう。物事のふるまいは構造によって決まるのだ。ここで朗報がある。構造を変えれば、行動のパターンは変わるのだ。この章では構造の基本的な本質を明らかにする。自分の「根底にある構造」を変える方法を学んでいこう。それは成功が実際に成功し続け、次の成功のための土台になる方法である。

多くの人たちが人生をよくしようと決意し、英雄的な努力を続けた挙げ句に、何ひとつ変えられなかったという経験をする。そうなるのは、自分自身が根底にある構造に組み込まれていること、そしてその構造次第で物事が決まることを知らないからだ。構造の作用を知らなければ、失敗したのは踏ん張りが足りなかったからだとか、無能だったから、悪い思い込み《ビリーフ》があったから、運が悪かったからだなどと思ったりするだろう。なんとか挽回しようとして、もっと踏ん張ろう、もっと能力を上げよう、「正しい」思い込みを作ろう、運勢を好転させよう、などと頑張った人もいるかもしれない。しかし、そういう努力は無駄だ。母なる構造を欺くことはできない。

母なる構造を味方につけることならできる。構造を変えればパターンは変わり、人生を一転させることができる。構造を新しくするのは、まっさらな白いキャンバスに向かうようなものだ。過去がどうであっても関係ない。求められるのは新たに始める力だ。構造について学び、構造を変えるのに何が必要かを学べば、人生そのものが本当に変わっていく。

構造を変えることなく、ただ悪い習慣を変えようとしたことがある人は、習慣を変えられたと思ったらまた元に戻った経験があるのではないだろうか。そういうとき、人は自分のせいだと思いがちだ。失敗した自分を責めたり、ひどい場合には「自分は失敗作なのではないか」などと思い込んだりする。しかし、そんなことは決してない。同じ構造に誰か別の人が入れば、全く同じことが起こるだろう。

例を挙げよう。会社であまり成果が出ていない人がいるとする。周囲が手を尽くしてその人の成績を上げようとするがうまくいかず、やがて別の人と交代するはめになる。ところが新しく交代した人は前任者と全く同じパターンをたどり、全く同じ状態に陥る。どうだろうか。こうした事例は、零細企業から巨大な多国籍企業に至るまで、幅広く共通して見られるものだ。

物事の成否が、いかに個人によってではなく、構造によって決まっているものなのか。自分が成績を上げられずに交代させられたら、自分のせいだと思い込むのも無理はない。しかし事実は違う。そのポジションにいたら誰であっても同じ失敗をするということは、個人ではなく構造が事を決していることを示している。

遺伝でも教育でも宿命でもない

私たちはなぜある特定の行動を取るのだろうか。たいていは遺伝や性格、文化的背景、教育、脳神経作用によると考えたり、はたまた占星術だとか数秘学などのせいにしたりする。しかしそれらよりもずっと強力な何かがあることは、先ほどの例が示すとおりだ。交代した新任者はＤＮＡも性格も文化的・教育的背景も前任者と全く違うのに、現れるパターンは同じだった。つまり、一般的に大きな影響を及ぼすと信じられている数々の要素よりも、構造のもたらす影響のほうがずっと大きいのだ。

構造の作用を説明しよう。揺り戻しパターンの構造の中で人生を変えようと四苦八苦しても、結局元の場所に戻ってくる。自分自身の人生について考えてみてほしい。これまでに、何か目標を定めて行動し、目標を達成したけれど、しばらくして結局その成果が両手をすり抜けて失われてしまったことがどのくらいあっただろうか。誰にでもそういう経験はある。一方で、違う経験もあるだろう。目標を定めて行動し、本物の成功を手に入れた経験だ。現実には、あなたはどちらの経験もしているはずだ。ここで大切なのは、どちらの体験のほうで人生の大半を過ごしているか、である。

揺り戻しパターンが起こりやすい典型例といえば、ダイエットによる減量だ。太りすぎの人が食事を制限して体重を減らし、目標達成するのだが、しばらくすると揺り戻し、ダイエットを始めた当初より体重が増えてしまう。医療文献で再発と呼ばれるこの現象は、85パーセントものケースで生じている。構造の作用を知らずにダイエットを志した人の大半が、リバウンドという言葉で広く知られるこの現象に陥っている。

落ち着いて自分の人生を振り返ってみれば、一貫して同じパターンが繰り返されていることに気づくのではないだろうか。ダンスのステップのように基本的な型があって、始まり方も終わり方も同じようになる。構造が変わらない限り、自分のいつものパターンをたどって、いつものような結果に至る。もし自分のいつものパターンが揺り戻しパターンなら、成功は続かない。結局は反動が起こって行きたいところから引き離されてしまう。しかし構造を変えれば、長続きする本当の成功が可能どころか有望になる。文字どおり成功裏に成功するようになるのだ。

構造とは何か

ここから少し専門的になるが、辛抱してほしい。なぜなら、構造の原則を理解することで、「根底にある構造」を変えられるようになるからだ。そうなればしめたもので、創り出したい人生を創り出せるようになっていく。

構造とは一体何か。まずはその定義から始めよう。構造という言葉は、互いに影響を与え合う「複数の部分」から成る「単一の事物」を意味する。もう少し噛み砕いていこう。

まず、構造はそれ全体として単一の存在であり、自己完結している。自動車は構造であり、建物も構造だ。歌は構造だし、身体も、カップも、椅子も構造だ。

次に、単一の構造の中には複数の部分がある。

そして最後に、各部分は互いに影響を与え合っている。例えば、椅子は単一の構造であり、脚、座面、背もたれ、筋交いなどの複数の部分から成っていて、個々の部分が他の部分を支えている。脚を一本でも外したら構造全体の安定性は失われる。こんなふうに、構造を支える部分をひとつでも変えると、構造そのものが変わる。構造の原則を思い出そう。物事のふるまいは構造によって決まるのだ。椅子から脚を一本外せば椅子のふるまいは変わり、もう座れなくなる。

自動車の部品は、もちろん、組み合わされて自動車になる。しかし、部品だけでは自動車にならない。工場の床に全ての部品を並べても、それで自動車になるわけではない。部品は正しく組み立てられて初めて自動車として機能する。つまり構造は全体性を持つものであって、個々の部品が揃っていることだけでなく、どのように組み合わさっているかによって決まる。

ここで学んだ構造の性質は、後述する実践時に非常に重要になるので、記憶に留めておいてほしい。自分の構造を変え、望む人生を構築するプロセスに役立てていくときに欠かせないポイントになる。

ベルヌーイの定理――緊張解消システム

構造がどうして機能するかというと、「緊張は解消に向かう」からである。ここでいう緊張とは、ストレスや心配やプレッシャーのことではない。物理的な緊張のことだ。私たちの世界は「緊張解消システム」によって機能していることが非常に多い。身体の筋肉もそうだ。緊張しては弛緩する。どこかの筋肉が緊張するとき、同時に別の筋肉が弛緩している。

飛行機が飛ぶのは、ベルヌーイの定理という緊張解消システムによるものだ。翼の上下を流れる空気に気圧差が生じると、その差異によって緊張が発生する。自然はこの緊張を解消すべく、翼の上下の気圧を同じにしようとする。まさにこの目的のために、自然は巨大な飛行機を空中に浮かび上がらせるのだ。

この現象を、ＮＡＳＡは次のように説明している。

「飛行機の翼は、翼の上面で空気がより速く流れるように設計されている。空気が速く流れると気圧が下がる。すると翼の下面の気圧よりも上面の気圧のほうが低くなる。この気圧差によって翼に力がかかり、翼を空中に浮かせようとする」

緊張はふたつのものの差から生じる。例えば、空腹という緊張は、身体が欲する食べものの量と実際に身体にある食べものの量の差から生じる。この緊張は解消に向かう。つまり両者の差がない状態になろうとする。もう少し科学的に言えば、身体が必要とするエネルギー量と身体にすでに存在するエネルギー量との差が空腹であり、それが緊張だ。そして身体が必要とするエネルギーを充分に獲得すると、緊張は解消される。

図 5

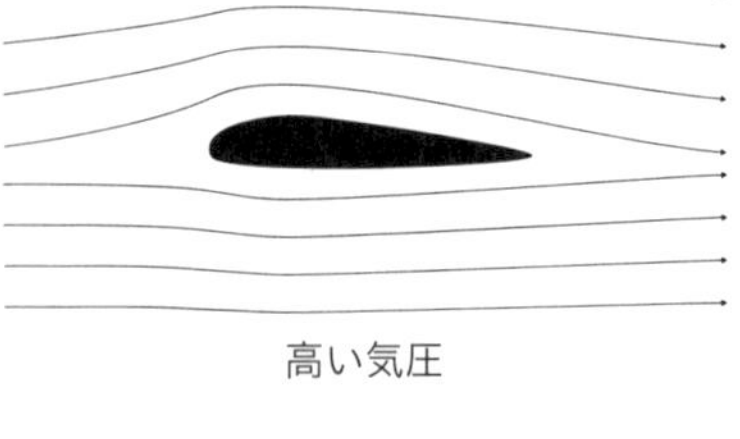

もっと専門的な説明をすると、構造は均衡に向かう、とも言える。つまり構造の内部では全てが均衡し

ているのだ。そこに差異が生じると、自然が働いて差異をなくそうとする。熱さと冷たさがあれば、ぬるさへと向かう。右と左があれば中央に向かい、高さと低さがあれば中間へと向かう。

緊張はエネルギーを生み出すエンジンのようなものだ。飛行機のような物体も、人間の身体のような有機体も、このエンジンに頼っている。文学や詩歌、演劇、映画のような非物質的なもののもこのエンジン、つまり緊張解消システムに頼っている。

何千とある映画作品のことを思い起こしてみよう。映画には、緊張解消システムに基づいた共通の型がある。たいていの映画には主人公がいる。主人公は何かを求めている。例えば、金メダル、恋人、仕事、悪者を倒すこと、いい人を助けることなどだ。この願いに対して、敵と呼べる対抗的な存在が現れる。悪者、汚染を垂れ流す悪徳企業、サイコパス、殺し屋、悪の帝国など。主人公と宿敵は同じものを欲しがる。女性、報償、契約、大発明の栄誉。あるいは正反対のものを欲しがる。主人公は地球の平和を、宿敵は地球の破壊を。映画では、これを劇的葛藤と呼ぶ。これも緊張の一種だ。

映画の数だけ脚本のアイデアもある。どんな脚本にも共通するのが緊張解消システムの構造の原理だ。例えば恋愛物語だったらこんな流れだ。男が女に会う。二人が一緒にいたらいいなと観衆は思う。男が女にふられる（たいてい何かの誤解からそうなる）。そして別の男が登場する。その男には近づいてほしくないと観衆は思う。が、あの手この手で近づいてきて主人公の存在を脅かす。それでも最後には主人公が女を取り戻し。二人は幸せに暮らす……。男女二人が離れ離れになることで緊張が生まれ、観衆はそれが解消することを願う。そして二人がようやく結びつくことで、緊張は解消に至る。

探偵物語も見てみよう。犯罪が起こる。犯人はわからない。探偵の主人公が犯人探しに乗り出す。犯人発見に近づけば近づくほど悪者たちが邪魔してくる。それでも探偵は知恵や力で悪者に勝り、事件を解決して悪者を牢屋またはあの世に送る。ここでの緊張は「犯人は誰か?」であり、解消は「悪は正義によって成敗された」である。

有名なジェームズ・ボンドの映画で考えてみよう。まずジェームズは信じられないほど強力な悪の組織と対峙する。敵は驚異的な頭脳を持った犯罪者だ。ここで押さえておくべきなのは、身ひとつのジェームズに対し、敵はいつも比べものにならないほど強力な存在だということだ。しかしジェームズは機転を利かせ、勇気をふるい、あらゆる困難を乗り越えて世界を救う。

今度映画を観るときは、こんな基本的な問いを持って観てみよう。誰が主人公か。主人公の望みは何か。誰が敵か。敵の望みは何か。問いへの答えから映画の劇的葛藤があらわになり、構造についての理解を深められるだろう。

映画を題材にしていろいろ説明してきたのには理由がある。それは、身近な題材で考えることで、あなた自身がすでに構造についてよく知っている(が、知っていると気づいていなかった)ことに気づいてほしかったからだ。構造は身の回りの至るところにある。ポップカルチャー、ロック音楽、テレビ広告、看板、デザイン、ファッション……見渡す限り、どこにでもある。そして構造は例外なく同じ原理に則っている。「緊張は解消に向かう」という原理である。

弓矢の原理——緊張構造

誰もが知る緊張解消システムの例を挙げるなら、弓矢だろう。自分で弓を引いたことはなくても、ロビン・フッドやウィリアム・テルのことは知っているはずだ。弓に緊張が十分に与えられると、矢は的に向かって飛ぶ。緊張が足りないと、矢は手元に落ちる。これが構造の原理の力だ。構造が動きを導く。自分の目標を達成するときにも、作用する原理は同じだ。

人生を構築するプロセスで、この原理はどう活用できるだろうか。この原理は人が学べる原理の中で最も重要なものであり、「創り出すプロセス」の本質である。「創り出すプロセス」は、何かを成し遂げることにおいて、歴史上最も成功したプロセスだ。芸術はもちろん、科学、技術、ビジネス、発明、探査など、あらゆる分野の創造は、「創り出すプロセス」によって成し遂げられてきた。

歴史上最も成功しているこのプロセスを、自分自身の人生構築に活かすところを想像してみてほしい。何より役に立つのは「緊張構造」である。緊張構造とは、我らが旧友の弓矢だと思えばよい。弓に十分な緊張があれば、矢は的に向かう力を得る。十分な緊張があれば、自分の高い志を実現する推進力を得ることができる。

緊張構造の原理はあっけないほど単純に聞こえるかもしれないが、甘く見てはいけない。緊張構造はふたつの要素から成り立つ。ひとつは創り出したいビジョンを明確に描くこと、もうひとつはビジョンに対する現在の居場所を明確に知ること（つまり行きたいところから見て今どこにいるのかを明確に知ること）だ。この二点の対比が、とても有用な緊張を創り出す。

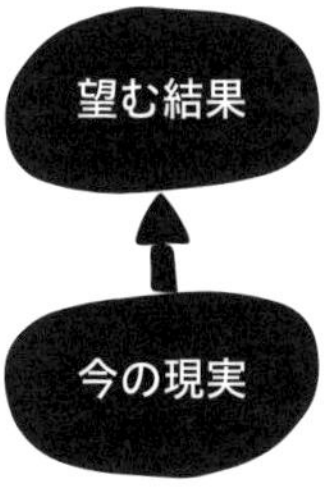

図6

ひとたび緊張構造が生まれたら、特別なことが起こる。私たちの頭は、どうやったらゴールを達成できるのかのアイデアを勝手に考え始めるのだ。これは緊張が解消に向かう働きだ。私たちの頭も、万物と同じように自然の働きで緊張を解消しようとする。だから、創り出したい成果と今いる場所という生産的な緊張が与えられると、頭は仕事を始める。頭はいつにも増して創造的になり、今いる場所を行きたい場所に近づけるために発想豊かになる。アイデアをひねり出しては緊張を解消していくのだ。

ひねり出されるアイデアにはふたつの種類がある。ひとつめは正攻法、普通のアイデアだ。結果を出すための確実なやり方で、過去に実績があり、現在の状況で実現が見込めるアプローチである。これはわかりやすい。

しかし、実際には必要なお金や時間などが足りず、正攻法が使えない場合がほとんどだろう。そういうときに出てくるのが普通ではないアイデア、つまり新たなアイデアの発明だ。こちらの場合、頭の中で想像力が働き、独創性が発揮されて、新しい考えが湧く。自分のゴールに到達することに特化した専用の道筋を、自分でも驚くほどうまく見つけ出してくる。「緊張構造」によって、頭はふだんの働きとは別次元の力を発揮して動きだすのだ。

ひとたび緊張構造が生まれると、一連の行動が起こる。この行動には特別な種類のエネルギーがある。弓から発射された矢が的に向かって飛ぶように、その行動には強い推進力がある。そして矢には的を射るという目的があるように、自分の行動にも自分の目標を達成するという目的がある。

緊張構造は誰もが使える最強の道具のひとつだ。しかし、使えないこともある。競合する別の構造があるときがそうだ。そうなると、ロッキングチェアのような揺り戻しパターンに陥り、いったん目標を達成しても最後には成果が失われてしまう。この構造のことを「葛藤構造」という。

あんなに頑張ったのに、どうして最終的にうまくいかなかったんだろう。そう思ったことはあるだろうか。ここに揺り戻しパターンの構造がある。何かを求めて動き始める。なんとか目標を達成する。ところが何かが起こり、手に入れた成果を失ってしまう。このパターンは何が原因で起こるのだろうか。

答えは、根底にある構造である。

自分は空腹だとしてみよう。身体の求める食べ物の量と身体が摂取した食べ物の量との差によって空腹が生じていることは前述のとおりだ。緊張を解消するために食べる。食べると、求める量と摂取した量が同じになる。これはシンプルな緊張解消システムだ。

次に、自分は肥満だとしてみよう。ここでは別の緊張解消システムが働いている。この緊張は、実際の体重と望む体重との差から生じている。たいていの人はダイエットによって緊張を解消しようとする。ダイエットが成功すれば望みの体重と実際の体重が同じになり、緊張は解消する。ところがここで問題なのは、同じひとつの構造の中にふたつの緊張解消システムが存在していることだ。空腹による緊張と肥満による緊張とがひとつの構造の中でつながっている。片方のシステムを解消しようとすれば、もう片方のシステムの緊張が増してしまう。

ダイエットは、人体が持つ生存本能や適応能力のメカニズム

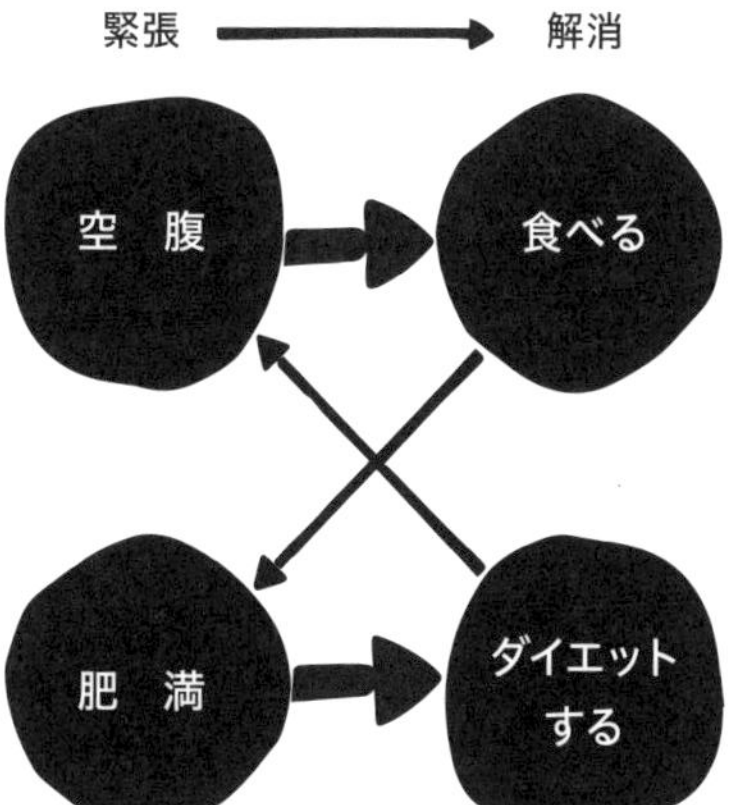

図7

に反する行為だ。身体はエネルギーを保存するようにできている。食事制限によってエネルギー摂取を減らしたり、エクササイズによってエネルギー消費を増やしたりすると、エネルギーの需給関係に不均衡を生じる。身体はエネルギー供給量の急減や消費量の急増という事態に驚き、それを埋め合わせるプロセスを開始する。神経系が綿密にシグナルを発して空腹感を増大させるのだ。

減量にフォーカスが向いていれば、個人的な意志の力を動員してカロリー摂取が増えるのを回避しようとする。だがあいにく意志の力というのはすぐに尽きるもので、空腹を解消しようとする強力な緊張には到底かなわない。ましてや現代はあらゆる味や香りの食べものが、魅力的なパッケージに包まれていつでも目の前に並んでいる世の中だ。そして身体は必死でカロリーを欲しがっている。

このときの構造を示したのがこの図だ。部屋の真ん中に自分がいるところを想像してほしい。正面の壁に「望む体重」と書いてある。反対側の壁には「腹ぺこ」と書いてある。ここで腰のまわりにゴムバンドを巻きつけ、正面の壁と結ぶ。これがひとつの緊張解消システムを表している。加えて、ゴムバンドをもう一本巻きつけ、今度は後ろの壁と結ぶ。これで緊張解消システムがふたつできたことになる。

図 8-1

「望む体重」のほうに行こうとすると何が起こるか見てみよう。

目標に到達した！と思ったとき、正面のゴムバンドは緩んでいるのに対し、後ろのゴムバンドはピンと伸びきり、緊張、つまり引っ張る力が最大になっている。そう、腹ぺこのゴムバンドだ。せっかく成功して減量の成果を上げても、その成果を維持するのが難しい構造の中にいるのだ。この構造では「腹ぺこ－食べる」という緊張解消システムが支配的であり、最強の力を持っている。どんなに頑張っても母なる構造に抗うのは難しい。やがて自分の望んだ成果とは反対方向に動き始める。

図 8-2

言うまでもなく、これは揺り戻し構造の典型だ。意志の力が足りないとか、思考がネガティブだとか、神経的な衝動によるのだとか、そういう話ではない。ただ単に揺り戻し構造の中にいるだけなのだ。その構造の中では、ロッキングチェアのように行き来することしかできない。

理想と嫌な思い込み《ビリーフ》

部屋に戻ってくると、今度は目の前の壁に自分の「理想」が書いてある。後ろの壁を見れば「嫌な思い込み《ビリーフ》」が書かれている。

図 9-1

理想にふさわしく生きようとすると、どうなるだろうか。

図 9-2

またしても同じことだ。理想に到達したと思ったときには正面のゴムバンドは緩み、後ろの嫌な思い込みのゴムバンドはピンと張っている。理想に近づけば近づくほど、嫌な思い込みを意識させられる。この構造の中で理想を維持するのは難しい。頑張れば頑張るほど母なる物理法則に抵抗することになる。やがて反対方向に引っ張られ、逆戻りすることになる。

反対側に行き着くと、嫌な思い込みで自分自身を打ちのめした状態になる。だが、今度は理想に向かって生きることが解決になる。それが一番簡単なのだ。なぜならそれが支配的な緊張だから。そしてまたもや理想に向かって歩んでいく。

例えば、嫌な思い込みが「自分は敗者だ」ということだったとしよう。敗者という思い込みが作り出す理想は勝者だ。そこで勝者になることを目指し始める。頑張り始めるにあたっては、『ザ・ウィナーズ』（パット・ライリー著、講談社）、『成功の心理学——人生の勝者に生まれ変わる10の方法』（デニス・ウェイトリー著、ダイヤモンド社）などの本を読むだろう。Amazon.comで検索すると、勝つこと（winning）をテーマとする本が1万9000冊以上見つかる。こういった書籍は、自分は敗者だという嫌な思い込みを持つ人には特に魅力的に映るものだ。何百万という人々がそれに当てはまるので、こうした本はよくベストセラーになる。

ここで重要なのは、何に動機づけられているかだ。なぜ「勝者になりたい」という理想を抱くのか。これは「なぜ大切なことを成し遂げたいのか」という問いとは違う。後者は成果を創り出すことについての問いだが、前者は自意識《アイデンティティ》についての問いだ。後者のフォーカスは成果にある一方で、前者のフォーカスは自分自身にある。自分自身をどう見ているか。自分は他者からどう見られているか。どうやって期待に応え、見せ場を作り、特別な存在として認められるか。そこにある関心は、いかにして力と注目を集め、いかにして自分は敗者だという思い込みを打ち消すかだ。

これは、構造が人生のパターンを決定するという一般原則を端的に示した一例である。構造の中に自意識が入ってくると、その構造は揺り戻しパターンを生じ、せっかくの成果も逆戻りしてしまう。

ふたつの構造を図で比べてみよう。ゴムバンドがふたつある構造と、ゴムバンドがひとつしかない構造だ。行き着きたい場所は、欲しいものを手に入れることだ。ゴムバンドがふたつある揺り戻し構造では、決して安定することがない。なぜなら、もう一本のゴムによって常に逆方向に引っ張られているからだ。

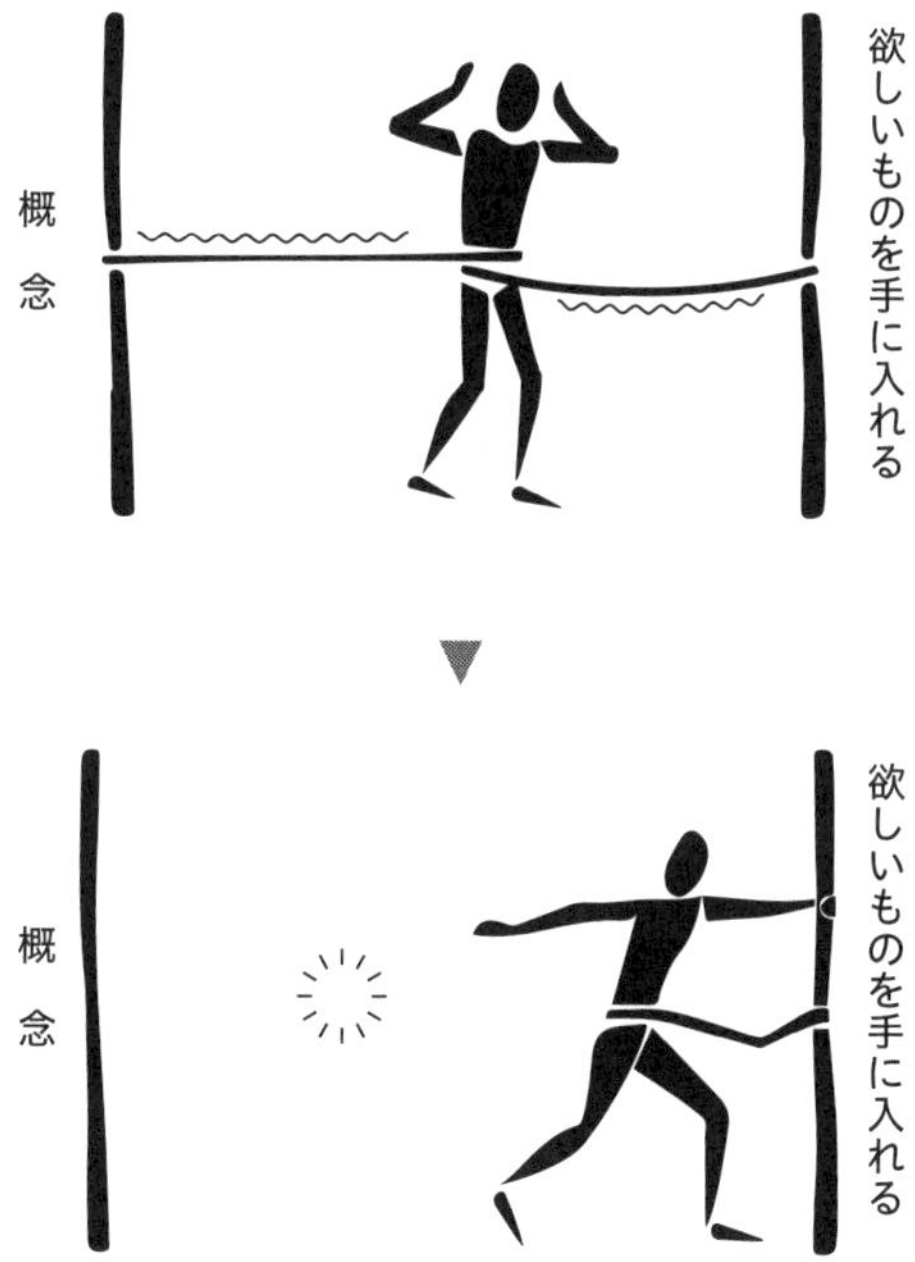

図10

勝ち組という自意識《アイデンティティ》

「勝者」というのは自意識《アイデンティティ》がもたらす感覚だ。勝てば感情的に反応し、負ければもっと感情的に反応する。何であれ有能になるためにはたくさん失敗して学び続けなければならない。それなのに、勝者になるという理想を持っていると、敗北で傷ついてしまう。敗北は避けるべきことになる。

ビジネスで成功している人たちは、ビジネスに熟達する過程で当たり前のように失敗を重ねている。学ぶためにはときどき失敗しなくてはならない。舞踏家トワイラ・サープによる素晴らしい著書『クリエイティブな習慣』（白水社）の中に、「失敗という科目で成績A」という章がある。サープはこの章で、何に熟達するにも失敗が重要な要素なのだと述べている。「失敗という科目で成績A」というタイトルは、数学の教授が学生にときどき失敗するように促したという逸話から来ている。この教授は、数学で新しい発想を生み出すプロセスを広げていくには、生徒が今の知識や技術を超えていくことを学ばなければならないと考えた。そのために、いかに優れた生徒に見えるかではなく、いかに数学的に考えられるかに意識を向けさせたのだ。

しかし、皮肉なことに伝統的な学校教育では正解を奨励し、不正解を罰してしまう。生徒がどれだけ学んだかは問題にされない。その結果、生徒は間違った認識を持つようになる。失敗しないことが大事になり、学ぶことは考慮されなくなる。

学校教育とは異なり、芸術分野では失敗して学ぶことこそが訓練と学習の根幹を成している。音楽家はまだ演奏できない曲を練習する。写真家はたくさん写真を撮って技術を磨く。画家は下絵を描き、作家は草稿を重ねる。真に学ぶ過程には「無能な」時期が必ずある。できないことの体験を通じて必要なスキルを獲得し、洞察を得て、経験を重ねていくものなのだ。

チャールズ・ヤングは、『敗北――アメリカの伝統（Losing: An American Tradition）』（未邦訳）の中で、「初めて大学でフットボールの練習をして以来、私は自分が完全に敗者だとわかっていた。今ここでそう公言したことで、私は自由になった」と書いている。

ヤングは、勝つことより負けることのほうがありふれていると述べている。「他のメジャースポーツと同じく、フットボールは敗者を作り出すようにできている。試合がある日には、いつも半分のチームが勝ち、半分のチームは負ける。プレーオフが終わる頃にはたったひとつのチームだけが勝者となり、他の30ものチームは文字どおり敗者となる。つまりNFLの選手の96・7パーセントは敗者にならざるを得ないというわけだ。それなのに、何で誰かを敗者と呼ぶのがとんでもなくひどいこととされてしまうのか」

答えは明白だろう。たいていの人が勝ち負けに感情的に反応してしまうからだ。あたかもその言葉が自分そのものに向けられていて、自分の人格やアイデンティティを決めつけられたかのように感じてしまうのだ。

ヤングによるフットボールリーグの説明（シーズン終了時、勝者は1チームだけになる）に鑑みるとき、勝ち負けは客観的な事実として理解されておらず、自意識と融合したシンボルと化してしまっている。負けは個人に悲劇的な汚点という烙印を押してしまうのだ。

アメリカ陸軍司令官だったジョージ・パットン将軍が「アメリカ人は勝者を好み、敗者を許さない」と言ったように、多くの人々が勝ち負けを感情的に受け取る。勝者や敗者という言葉遣いそのものが自意識を示唆している。

しかし、プロスポーツをはじめとする厳しい職業においては、フォーカスは自意識以外のものに置かれている。それは、学び、向上し、成長し、成果を上げる力を伸ばしていくことだ。そのためには失敗がつきものである。

「かっこ悪く見えるのを怖がる選手がいたら、毎日でもその選手を負かすことができる」

——ルー・ブロック（米プロ野球選手）

「失敗を恐れる人に、成功する資格はない」

——チャールズ・バークレー（米プロバスケットボール選手）

嫌な思い込み《ビリーフ》は消えない

自分自身についての嫌な思い込み《ビリーフ》があるとき、人は自然とそれを隠そうとしてしまう。自分でそれと気づいていないときでもそうだ。現代社会はポジティブ思考や自己肯定感《セルフエスティーム》の向上が説かれる世界であり、まるで否定的な言葉など聞いたことがないかのようだ。心の内側では嫌な思い込みを隠そうとする一方、自分の外側では悪い自己イメージなど持ってはならないというメッセージが次々と降ってくる。その両方に従っていたら、やがて身動きが取れなくなる。自分自身に対してオープンかつ正直ではいられなくなる。自分が本当にどう思っているのかを探ろうとした日には、自己啓発業界が丸ごとかかってきて、そんなことはしてはいけないと諭すだろう。

真実は、いくらそれが嫌いでも消えてはくれない。その代わり水面下に潜っていき、水面下で本当に邪魔をする。真実は真実として認めよう。自分をどう思っているのか。よいにせよ、悪いにせよ、ほどほどにせよ、真実は何なのか。それがどんな真実であったとしても、隠すより知ったほうがいい。

自分をどう思うかは関係ない

では、どうしたらいいのか。この問いへの答えは、本書の根幹を成すものとなる。まず大切なのは、「自分のことをどう思うかは、人生を創り出すプロセスとは関係がない」ということだ。

この洞察は、私たち著者が「思い込み主義《ビリーフビジネス》」と呼んでいる人々を激怒させることだろう。「思い込み主義」の人々は、自分が何を思い込むかによって成功や失敗が決まるという考えを持っている。その考え方を代表する有名な引用句をいくつか紹介しよう。

「心に描き、信じ、望んだことなら、何でも達成できる」

――ノーマン・ヴィンセント・ピール（牧師）

「この人生で私にふさわしいと信じることは何か」

――エリザベス・ギルバート（作家）

「人は自分が信じるものである」

――アントン・チェーホフ（劇作家）

「何を信じると決めたかで、どんな人間になるかが決まる」

――カレン・マリー・モニング（小説家）

「信じることで初めて見えるものがある」

――マデレイン・レングル（小説家）

「信じなくてはならない。さもなくば、それは決して起こらない」

――ニール・ゲイマン（小説家）

思い込み《ビリーフ》が現実になると信じているのなら、時間と労力を費やして思い込みを操作し、「正しい思い込み」を植えつけ、「間違った思い込み」を打ち消そうとしていることだろう。思い込み主義の人々は、潜在意識をプログラミングするという古びた考えを信じていることが多い。彼らは、潜在意識には何が真実で何が真実でないかはわからない、などと言う。潜在意識にポジティブなイメージを与えれば潜在意識はそれを真実と思い込み、そのイメージのほうに自分を動かしてくれる、とも言う。素敵なことを考えよう、そうしたら素敵な人になれる。自分を愛せよ、そうすれば愛を引き寄せられる。自分を成功者だと思え、天から成功が降ってくる……ただし、信じなくてはいけない！

思い込み主義の人たちにとっては、思い込みが全てだ。自意識《アイデンティティ》の問題を抱えた人たちにこのアイデアを紹介すれば、ベストセラーや人気セミナーのでき上がりだ。自分は素晴らしい人間で、成功するにふさわしいのだと信じさえすれば、「引き寄せの法則」が呼び覚まされて、宇宙が全ての望みを叶えてくれるという。魅力的な提案だ。思い込み生活を管理するだけで全てがうまくいくというのだから。

思い込み主義の人たちが知らないことがある。それは、どんなことでも「構造がふるまいを決定する」ということだ。揺り戻し構造の中にいたら、どんなに「ポジティブ」でも、どんなに「自分を愛して」いても、成功と失敗の間を行ったり来たりすることになる。実際には、何を信じているかと関係なく、自分がいる構造を変えることで、本質的かつ持続的な変化を起こすことができる。だからこそ、自分の創り出したい人生を構築するプロセスにおいて、この構造の原理を理解することが何より大切なのだ。

この章のポイント

- 物事が起こる裏には目に見えない構造がある。
- 構造によって2種類のパターンが生じる。「揺り戻しパターン」と「前進するパターン」である。
- 構造を貫く基本的な力学は、「緊張は解消に向かう」というものだ。

- 「緊張構造」は、人生を創り出すうえで最も強力なアプローチである。
- 競合する「緊張解消システム」が並立しているときがある。
- その状態を「葛藤構造」と呼ぶ。この構造は揺り戻しパターンを生じる。
- 「理想」が「嫌な思い込み《ビリーフ》」と葛藤するとき、揺り戻しパターンにつながる。
- 自意識《アイデンティティ》を気にすることをやめると、根底にある構造を変えることができ、前進するパターンに移行できる。すると成功が長続きするものになる。
- 構造から自意識の問題をなくすと、学び、向上し、達成できるようになる。
- どんなことでも、根底にある構造がふるまいを決定している。これは人生についても当てはまる。
- あなたが何を思い込んでいるかは関係ない。

第５章

ポジティブ思考は有害だ

駐車スペースは見つかるか
観念とランセット吸虫
バスにはねられたら道の向こうに行けない

ポジティブでいることには何の問題もない。しかしポジティブ思考のテクニックが教えるところによると、いつもポジティブに考えなくてはならないという。しかも、状況がポジティブでないときこそ、そうだという。

ナポレオン・ヒルの『思考は現実化する』（きこ書房）、ノーマン・ヴィンセント・ピールの『積極的考え方の力』（ダイヤモンド社）、その他無数の二番煎じの書物によれば、成功への道は自分の思考と態度をコントロールすることで開かれるという。そうすることで、見返りとして想像を絶する富と成功と幸せが得られるというのだ。

一見よさそうな考え方に思える。が、それほどよくないのは、ポジティブ思考がたいていの人たちが大事にしている深い価値観と対立してしまうことだ。例えば正直や真実といった価値観である。

近年、多くの研究によってポジティブ思考のネガティブな側面が明らかになってきた。社会心理学者のガブリエル・エッティンゲンとドリス・マイヤーは、ポジティブ思考の学生とそうでない学生ではどんな違いが生じるかについて研究した。わかってきたのは、「ポジティブ思考者」は就職活動の量が少なく、得られた内定も少なく、結果的に収入も少ないという事実だった。また、股関節手術を受けた患者の調査では、ポジティブ思考で「痛まずに歩けるようになる」というビジョンを描いた人のほうが回復が遅い、ということも判明した。

どちらも衝撃的な発見だ。しかし、自己啓発の世界でこれらの事実はあまり知られていない。

自分に嘘をついていたくはない

現実を知るには経験が必要だ。実際に経験して現実の味を知る必要がある。ひとたびその味を知ったら、容易に忘れることはできないだろう。

現実には、いいもの、悪いもの、醜いもの、それらの中間のものがある。もし、薔薇色のメガネをかけて目に入る現実をポジティブに歪めはじめたら、もう視界を失ったも同然だ。少なくとも、自分の創り出したい人生を構築するプロセスにおいてはそう言える。

嘘の上に人生を構築することはできない。しかし、ポジティブ思考の提唱者がやれと言っているのはまさにそういうことだ。人生構築プロセスに必要なふたつの要素のひとつは、現実である。現実を歪めてしまうと緊張構造は弱くなる。人生を構築するには、何を創り出したいかを知るだけでは足りない。成果のビジョンから見て今どこにいるのかも知らなくてはならない。現実を、実際よりもよく描いたり悪く描いたりしてはいけない。サンフランシスコへ行こうとしているときに、実際にはシカゴにいるのにボストンにいると言っているようなものだ。今どこにいるのかを把握していなかったら、行きたいところには行き着けない。

もちろん、ポジティブ思考を推進する「思い込み主義《ビリーフビジネス》」の人たちはよかれと思ってやっている。他人を支援したいという気持ちを持ったいい人たちだ。しかし、いくらポジティブなことを信じさせようとしても、潜在意識を騙すことはできない。現実と虚構の違いはごまかせない。潜在意識に嘘をついたとき、潜在意識はそれが嘘だときちんとわかっている。

アファメーションのブーメラン効果

「自分にはできる」と言ったとき、その言葉は事実なのか、そうではないのか。ここで大事なのは、それが事実だとわかることだ。憶測でも、推測でも、願望でも、希望的観測でもいけない。事実とは、現実に存在する、実際に起こっている、という意味である。

事実として「自分にはできる」とわかるのはいつだろうか。それは実際にやりおおせたときだ。高い確度でできる、と事前に言える場合もある。しかしそれはあくまで推測であり、事実だと言えるのは、実際にできたときだけだ。

潜在意識は、推測と事実は別であることを知っている。例えば、道を渡れることが高い確率でわかっていたとしても、渡っている途中でバスにはねられたら、事実はそうならない。では、「道を渡れる」と事実としてわかるのはいつか。実際に道路を渡りきり、向こう側に着いたときだ。現実になって初めて、事実だと言える。

どんなに「自分にはできる!」とポジティブなアファメーションの宣言を繰り返しても、潜在意識に聞こえているのは「できる自信がないから、こうして『できる!』と言い聞かせなくちゃいけないんだ」という声だ。潜在意識は、宣言が嘘であることはもちろん、なぜそんな虚偽のプロパガンダを繰り返しているのかの理由もきちんとわかっている。皮肉なことに、伝わるメッセージは狙いとは逆になる。「自分にはできる」は、「自分にはできないかもしれない」に化けてしまうのだ。

手術後に痛みなく歩けるようになる、と想像した患者たちの事例を思い起こしてほしい。ポジティブな言い聞かせをして、かえって回復が遅くなっていた。「ポジティブな患者」が潜在意識に伝えていたのは「もしかしたら、痛みなく歩けるようにはならないかもしれない」というメッセージだったのだ。おなじみのブーメラン効果だ。

ポジティブ思考を何年も実践している人は、最初に出た効果がすぐに消えていく経験をする。ところが、ポジティブ思考理論は循環論法になっている。ポジティブ思考の提唱者に言わせると、うまくいかないときはポジティブ思考が足りない、ネガティブな思考があるからだ、という説明になる。

現実的に考えよう。誰だってときどきはネガティブな考えを持つ。好ましくないことだって実際には起こるのだから無理もない。銃を突きつけられたときや、不注意なクルマが割り込んできたとき、子供に何かあったとき、高いお金を払った料理がまずかったとき、そういうときにいつでもポジティブに思考しようというのはおかしなことだ。

ポジティブ思考で駐車スペースは見つかるのか

ポジティブ思考が持つ力を証明する例として、駐車場のケースがよく使われる。混んだ駐車場で、停めたい場所に空きがあるとイメージすると、思考が望む結果に結びつくというのだ。そのうち、ふたつのことがわかってくる。

1. イメージしても、いつも駐車スペースが見つかるわけではない。
2. 望みをイメージしない人も、駐車スペースを見つける。

あるワークショップで、参加者が「ポジティブな思考を持ったほうが空きが見つかりやすい」と主張したことがあった。ワークショップ主催者が他の参加者に「空きがあると思っていなかったのに駐車スペースを見つけたことがある人は？」と尋ねたら、全員の手が上がった。

繰り返して言うが、嘘の上に人生を築くことはできない。ポジティブ思考は有害であり、創り出すプロセスの健全さを破壊する。やっている人は要注意だ。

「思い込み主義《ビリーフビジネス》」ではない人たちの言葉を引用しておこう。

「現実とは、信じるのをやめても消えていかないものである」

——フィリップ・K・ディック（作家）

「科学のいいところは、信じようが信じまいが真実であることだ」

——ニール・ドグラース・タイソン（天文学者）

「精神病院をちょっと歩いて回れば、信念が何も証明しないことが明らかになる」

——フリードリヒ・ニーチェ（哲学者）

「そのために命を賭けた人がいたとしても、それが真実とは限らない」

——オスカー・ワイルド（詩人・作家）

「信じることは、知性の死である」

――ロバート・アントン・ウィルソン（小説家）

信仰と自意識《アイデンティティ》

信じることに関する話をすると、霊的な信仰が批判されていると思う人がいる。そうではない。霊的な信仰は個人的なもので、生きていく上で固有の価値がある。霊的な信仰は、創り出すプロセスとは別のものだ。長い歴史を見渡せば、さまざまな霊的・宗教的な信仰や哲学的な信念を持った人たちが、実際に創作者として成功している。

したがって、スピリチュアルな次元でどんな信仰を持っていたとしても、それは創り出すプロセスや人生構築プロセスとは独立したものだ。霊的信仰はそれ自体で豊かなものである。霊的信仰と創り出す能力を結びつけるのは間違いであり、さまざまな信仰の人たちが素晴らしい創作をしてきた歴史を無視している。いい人生を送る能力と霊的な次元の信仰を結びつけてはいけない。

自意識《アイデンティティ》と結びつけられた霊的信仰は、神や宇宙をどう見るかではなく、信仰者としての自分自身をどう見るかになっている。ダニエル・デネット（哲学者、タフツ大学認知研究所共同ディレクター）は、この現象を「信仰の信仰」と名づけて説明している。それは本来の信仰とは異なり、信仰によって何かを得ようとする自分自身に意識を向けた状態だ。そうなると、もはや信仰の問題は「私は何者か」を示すための自意識の要素に成り下がってしまう。

また、自分の信仰を自分自身と同一視し、信仰を考え直すことを自意識への脅威や攻撃であるかように受け取ってしまう人も多い。デネットは、多くの信仰体系の狙いは、その信仰への執着を拡散することにある、と指摘している。

観念という寄生虫

デネットは、アリが草を登っては滑り落ち、また登っては滑り落ちることを繰り返す現象を例に挙げている。「アリはいったい何のためにこんな行動を繰り返しているのか」とデネットは問い、この行為がアリにとって何の生物学的利益ももたらしていないという事実を明らかにした。アリの脳は、ランセット吸虫（槍形吸虫）という小さな寄生虫に乗っ取られていた。この寄生虫はヒツジやウシの胃に侵入しないと生殖できない。それで自分の子孫を残すためにアリを動かしていたのだ。こうした操作的なヒッチハイカー型の寄生虫は他にも多くの種を侵しており、いずれも宿主のためにはならず、寄生虫を利するだけだという。

デネットによれば、人間にも同じようなことが起こる。「観念」が寄生虫のような悪さをすることがあるという。「アリの脳を乗っ取る寄生虫と人間の脳に巣食う観念は、全く違うものだと思うでしょう。寄生虫と違って観念は生き物ではないし、脳に侵入するものじゃなく、心が作り出すものですからね」

デネットはこう続ける。「ところが、観念と寄生虫には驚くべき共通点があります。観念は人の心から心へと飛び火し、歌やアイコンや彫像や儀式にヒッチハイクして、言葉の壁さえ越えていきます。さまざまな観念が予想外の組み合わせで人々の頭の中に姿を現し、元からあった観念と一定の共通項を持ちながら、進化して新たな力をつけていくのです」

このような寄生的な観念は、巣食った宿主の利益とは全く関係のない、別の命題を持って動く。そのため、観念に脳を乗っ取られると、自分の利益にかかわらず観念の大義のために行動してしまいやすくなる。人が自分の幸せや健康に反するような行動を取る理由がここにある。そうまでして身を危険にさらしてしまうのは、観念のしもべになっているからなのだ。

人生のパターンを一新する

もし魔法の杖があって、一振りで自分の自意識《アイデンティティ》の問題を全て消し去れたなら、人生のパターンは一新される。そこでは、成功も失敗も将来の成功につながる。一つひとつの成功が、次の成功の礎になる。一つひとつの失敗が、成功のための学びの礎になる。

この変化を起こすためのはじめの一歩は、意識のフォーカスを自意識から外し、自分の志と価値観に移すことだ。大事なのは「本当の望み」は何かであり、自分自身のことや自分をどう見ているかではない。成功と自己イメージには関連がないということが腑に落ちたら、余計なことから解放され、自分の人生を創り出すことに集中できるようになる。

ポジティブなイメージを植えつけて自己イメージを操作しようとしてはいけない。自分を元気づけたり、自分への激励の言葉を言い聞かせたり、肯定的なアファメーション（宣言）をしたり、自分にラブレターを書いたり、自己評価を上げようとしたりしないことだ。

罪悪感を使ってふるまいを変えようとしたり、もっといい人間になれと自分に圧力をかけたりしてもいけない。自分はどんなタイプの人間かなどと考えるのはやめ、意識をもっと大事なことに移すこと。そう、本当に大切なことに。

新しい習慣を身につけるには慣れが必要だ。古い癖はなかなか抜けない。最初のうち、本書のアドバイスどおりに実生活で行動するのはちょっと難しいかもしれない。でも、時間をかけて取り組めばいい。新しい習慣が身につくにつれて、変化が起こり始める。

古い癖を変えるには、新しい習慣を育むのが一番だ。新しい習慣とは、意識のフォーカスを転換することである。自分は場に溶け込めているか、人や自分からどう見えているかなどと考え出した瞬間に、意識のフォーカスを転換すること。自意識にではなく、創り出したい成果に意識を向けること。大事なのは、自分がどんな人生を創り出したいかだ。成果に意識が向くように心身を再訓練しよう。この新しい習慣によって、自分の根底にある構造が変化する。創り出したい成果を創り出せる構造に変わっていくのだ。

考えと現実が対立するとき

自分が自分をどう思っているかは、その内容に関わらず現実ではない。よく思っていたり、悪く思っていたり、そのどちらでもなかったりするのが現実だが、その意見に客観的根拠などない。「アメリカに住んでいる」というような事実とは違う。自分自身についてどんな意見を持っていようと、それが事実に基づいていない以上、真面目に受け取るには値しない。現実に何かしらの思い込み《ビリーフ》を持っていたとして、その思い込みは現実ではないのだ。

また、その意見をどこからもらってきたのかを知るのも無意味である。誰から風邪をもらったのかを知っても無意味なのと同じだ。ジェーンおばさんから風邪をもらったとわかったところで風邪が治るわけでもなく、何の役にも立たない。重要なのは自分自身を本当にどう思っているのかであり、自分の本当の意見である。

もし自分の本当の意見がポジティブでなかったとしたら、きっと多くの人が合意しないだろうが、そんなことは関係ない。誰にも決定権はないのだ。自分自身にもない。決定権があったとしたら、好きな理想を取り入れてそれを真実だと信じれば済む話だ。しかし、何を信じようと、どんな理想を持とうと、何を言おうとやろうと真実は変わらない。自分が何者かを言い当ててくれる英知や権威を持った人など、どこにも存在しないのだ。

しかし、だからといって「嫌な思い込み」を持たずに済むというわけではない。自分が自分をどう思っているのか、本当のところを明らかにしておいたほうがいい。肯定的なアファメーションでごまかしたりしてはいけない。自分が本当に思っている意見を知ることは決定的に重要であり、根本的な変容を引き起こす。見たくないものに蓋をして隠す作戦はもう終わりにしよう。そうすれば理想・思い込み・現実の葛藤もなくなる。自分が自分をどう思っているのかを本当に知ることで、根底にある構造が変化し、新たな成功パターンが出現する。

この章のポイント

- ポジティブ思考は自分に嘘をつくことであり、創り出す能力を弱めてしまう。

- 潜在意識は嘘に気づいているし、なぜ嘘をついているのかも知っている。
- ポジティブ思考は潜在意識に裏のメッセージを与え、肯定的なメッセージとは正反対の結果をもたらす。
- 緊張構造はふたつの基点から成り立つ。望む成果と、それに対する今の現実である。
- 現実をポジティブ思考の薔薇色のメガネで歪めて見てしまうと、緊張構造が弱まり、創り出したい成果を創り出すのが難しくなる。
- 近年の新たな研究の多くは、ポジティブ思考の弊害や逆効果を明らかにしている。
- もし自分自身について「嫌な思い込み《ビリーフ》」を持っているのなら、本当のことを知るのが大切だ。そうすることで、真実を隠すように作られている「根底にある構造」が変わる。
- 現実とは、実際に存在するもののことだ。それを正しく見るか歪めるかは、自分の選択だ。
- 現実の味を知るには経験が必要だ。一度味を覚えたら、なかなか忘れない。
- 自分自身をどう思っているかは、創り出すプロセスに関係ない。

第6章

構造が変われば行動が変わる

2倍のマシュマロを食べる
タバコをやめないと死にますよ
これまではこれからを決定しない

マシュマロ実験

1960年代に、ある実験がスタンフォード大学で行われた。ウォルター・ミシェル教授は幼児にマシュマロをひとつ与え、食べずに15分待ったらマシュマロをもうひとつあげるという約束をした。待った子どももいれば、待たなかった子どももいた。

何年も経ってから、興味深い結果が観察された。マシュマロを食べずに待った子どもたちは、その後の人生の展開が、すぐに食べてしまった子どもたちとは違っていたのだ。大学進学適性試験の点数ははるかに高く、肥満度指数は低く、全体的に何かを達成することに優れていた。これは重大な違いだった。しかし、この違いを引き起こしている要因は何なのか、この違いによって将来の成功や失敗がどこまで決まるのか、といった点はあまり解明されてこなかった。

ここでは構造力学が働いている。どの子どもたちも、構造の支配下にある。

マシュマロをすぐに食べたいという衝動に従った子どもたちは、未来の感覚を持っていなかった。今、目の前の現実が全てだった。このとき、食べたいという衝動は即刻の解消を求める緊張であり、この状況で支配的な力学は、衝動的な空腹感を満たすことにある。彼らの時間軸は今ここにしかなく、未来は曖昧で遠いものでしかなかった。目の前のマシュマロがはっきりした現実であるのに比べ、マシュマロが2倍になるという考えは抽象的でぼんやりしたものにすぎなかった。

15分待ったほうの子どもたちは違う時間軸の中にいた。より広い視野で物事を理解していた。過去から現在、そして未来へと続く時間の感覚を持ち、今の行動を未来の結果と結びつけて考えることができた。

だから今この瞬間の衝動や食欲よりも、長期的な望みにフォーカスを合わせることができたのだ。彼らの構造力学は、マシュマロを2倍食べるという考え（衝動とは別の緊張を構成する）によって、衝動の解消を遅らせた。言い換えると、この子どもたちは、今すぐマシュマロを食べることよりもマシュマロを2倍手に入れることを上位の目標と捉えることができ、その目標を達成するために目の前の誘惑に屈しなかったのだ。

30年、40年にわたる追跡調査を経ても、幼少時のパターンは変わらないことが認められた。すぐに食べた子どもたちは、大人になってからも衝動的で、本能的で、様々な欲望に弱かった。食べるのを待った子どもたちは、その後も長期的な志や価値観に視点が向いていて、人生で多くの成果を創り出すことに成功していた。

さて、ここで問題だ。マシュマロ実験が示唆するように、私たちの人生パターンは幼い頃に埋め込まれてしまっているのだろうか。もう変えられないのだろうか。それともパターンを変えることもできるのだろうか。もし変えられるとしたら、どうすれば変化を起こせるのだろうか。

構造力学の研究からは、自分の基本的姿勢は変えられることがわかっている。間違った構造の中でどれだけ長く生きてきたとしても変えられるのだ。緊張の解消を戦略的に遅らせることを学び、それによって重要な目標や志を達成できるようになる。

しかし、変化をどうやって起こすかについては一般的に誤解がある。

医学界では、全般に人々の生活習慣を変えるのは不可能だという結論に達している。心ある医師から食事や運動などの生活習慣の改善を求められても、その助言に従い続ける患者はほとんどいない。生活習慣が改善できないとなれば、次善の策は薬物療法だ。糖尿病を改善する食事療法を実行できないなら、薬剤を処方することになる。さらに、過食をやめられないのなら減量手術、肥満で歩けなくなるようなら電動車椅子、という具合に進む。

これまで、医師が患者に行動を変えてもらおうと思ったら、その方法はふたつしかなかった。ひとつは「葛藤の操作」、もうひとつは「意志の操作」だ。これらについて説明しよう。

葛藤の操作

医師にかかると「喫煙をやめないと死ぬことになりますよ」と警告を受けることが多い。糖尿病なら「食事を改めないと脚を切断することになりますよ」だ。死や苦痛という恐怖によって患者に圧力を与えるのだ。医師は良かれと思って患者を脅す。それで悪癖が治ればと願ってのことだ。患者によっては効果があって、医師の助言に従うこともある。しかし構造が変わらなければ長続きしない。

理由はこうである。患者が悪い癖を改めて新しい習慣を始めるのは、嫌な結果のビジョンによって情緒的葛藤を感じるからだ。ひとたび新たな行動を取り始めると、情緒的葛藤は弱まる。情緒的葛藤が弱まれば、新しい習慣を続ける意欲も減退する。やがて古い悪癖に戻る。

わかりきったことだろう。葛藤によって動機づけられた変化は一時的なものに終わる。

「心配で他人を追い込んで賢くしようとしたことはない」と詩人ロバート・フロストは言う。が、まさに多くの人たちがそれをやっている。きちんとしないとひどい目に遭うぞ、と脅して行動させようとする。圧力に屈した人は行動するが、脅しの効果は長続きしない。

罪悪感や警告、叱責、圧力によって変化を強いられているとき、その変化はずっとは続かないということを思い出す必要がある。

意志の操作

葛藤の操作とコインの裏表の関係にあるのが、意志の操作だ。最悪のビジョンで脅す代わりに、最高の報酬のビジョンをこしらえ、堅い決意を固めさせようとするのだ。自分自身を叱咤したり、アファメーションやポジティブ思考などで激励したりして、困難を克服し、目標を達成させようとする。実際のところ目標達成は可能だ。しかしせっかく達成した目標は維持できない。ゴムバンドがふたつある話を思い出してほしい。部屋の向こう側に着いたら、背中側のゴムバンドに引っ張られて目標から遠ざけられてしまう。自意識《アイデンティティ》が目標達成に結びついていた場合には、目標達成は最も維持が難しい位置となる。もうひとつのゴムバンドがそこから引き剥がそうとしてくるからだ。

ポジティブ思考の限界とブーメラン効果については前述した。目標達成のためにさらに必要なのは、現実に通じているということだ。いかなる現実の歪曲も、持続的な成功を困難にする。

構造を新たにする

マシュマロ実験で15分待てなかった子どもたちは、生産性の低い人生を送った。それは自分の根底にある構造を変えられなかったからだ。彼ら自身のせいではない。悪い構造があるなんて知らなかったのだから。もし根底の構造を変えることができていたら、人生の向かう先を変える可能性を手にしていただろう。

こう言い切れるのは、構造を変えれば行動は変わる、という構造の原理があるからだ。本書が扱っているのは、この種の変化である。

マシュマロ実験の結論は、幼い頃にパターンが決まると一生変わらないというものだった。ゲームオーバーというわけだ。しかしフォーカスを短期的な衝動や食欲から外して長期的な志や価値観に合わせ直せば、構造の変化は起こりうる。長期的に重要な目標のために、目の前の衝動に従うのを遅らせることができるからだ。

これを可能にするには新しい能力を開発する必要がある。階層をつくるという能力だ。階層とは、一つひとつの物事の重要性を整理することだ。何が自分にとってより重要なのか。何がさほど重要ではないのか。

よく考えてみよう。ここにふたつの選択肢がある。即座に満足を求めるのか、それとも長期的に望ましい成果を求めるのか。

現実によくあるのは、両立しないふたつの望みを同時に叶えたいと思うことだ。健康的なやせた身体になりたいし、目に入るものは何でも食べたい。運動して健康になりたいし、テレビの前でのんびり過ごしたい。ここで自分に真実を知らせるのがいいだろう。両方欲しいのはわかったが、両立はできないのだ、と。両方を同時に手に入れられないとしたら、問題は、どちらをより望むのかである。

たいていは短期的な満足よりも長期的な成功を望むものだ。ところが、人は目の前に餌が見えると食欲や衝動に屈し、本来の長期的な志を台無しにしてしまいやすい。そういう傾向があるとわかっているのだから、前もって誘惑に負けないための作戦が立てられるはずだ。そうすれば、いざケーキやドーナッツやビッグマックなどの誘惑がやってきたとき、自分にとって何が本当に重要かを判断できる。一時的な欲求を満たすことなのか、それとも、長期的な本来の目標を大事にすることなのか。

ここで登場するのが緊張構造の力だ。目の前の現実に対して創り出したい成果のビジョンが何かを理解し、緊張構造を作り出せれば、あとは何をしたらいいのか、何をしてはいけないのかは自明になる。自分にとって最も重要な目標のために、戦略的な選択を行うことが可能になる。

プライマリー選択とセカンダリー選択

自分の主たる成果の選択が明らかになると、その選択が他の派生的な選択を生み出していく。例えば、最高の健康を望むとしたら、それに従ってさまざまな他の選択が派生する。食習慣、運動、睡眠、などだ。

主たる成果の選択を「プライマリー選択」と呼ぶ。それが第一だということだ。他の派生的な選択は第二であり、「セカンダリー選択」と呼ぶ。セカンダリー選択は、そのためだけならやりたくないものが多い。あくまでもより高位にあるプライマリー選択に寄与するために行うものだ。

プライマリー選択とセカンダリー選択を行うことが、自分を律する重要な鍵になる。選択によって形成される規律が、長期的な成功をもたらす。信念や概念ではなく、実際の行動と、その行動の奥にある動機が重要なのだ。

人生を創り出すプロセスにおいては、望む成果を見たいということそのものが動機である。だからこそ、次々と押し寄せてくる誘惑にすぐに負けることなく、本当に大切なことの実現につながる行動を優先できる。

今までのパターンがどんなものであったとしても、自分の長期的な志と価値観を支える根底の構造を創り出すことができる。鍵となる要素は、三つ。まず、緊張構造（成果のビジョンと、それに対する今の現実を知ること）。次に、戦略的にプライマリー選択とセカンダリー選択をすること。そして、自分自身にではなく、創り出したい成果にフォーカスを合わせ続けること、だ。

この章のポイント

- 食欲や衝動や本能にフォーカスを合わせていると、長期的な志や価値観がおろそかになり、短期的な欲求をすぐに満たすことになってしまう。
- 長期的な志や価値観にフォーカスを合わせられれば、本来の重要な目標のために、戦略的にプライマリー選択とセカンダリー選択を行いやすくなる。
- 自分が今までどうだったかは、自分がこれからどうなるかを決めるものではない。
- 物事は自意識《アイデンティティ》とは関係なく、どんな構造の中に自分がいるかで決まる。
- 緊張構造は、長期的な成功に欠かせない重要な鍵だ。

第７章

内なる脅威

ストレス要因をなくしてもストレスが消えない
逃げるか戦うかの緊急事態
急性ストレスと慢性ストレス

この章では、「理想・思い込み《ビリーフ》・現実の葛藤」がいかに生理的・情緒的・精神的なストレスを生み出し、健康を蝕むものなのかを明らかにする。この葛藤が起こっているとき、根底にある構造は、期待と信念と成果の不一致によって形づくられている。この構造の中では、どんなに成果を上げても、どんなに賞賛を受けても、自分で設定した理想に届くことはない。完全に不利な状況だ。これを有利な状況に変換していく。

サイレントキラー

心と身体の相互依存関係は、私たちが生きていく中で最も大切な関係性のひとつである。たまに、この心身の関わり合いに気づけるときもある。書類にサインするために手を動かすとき、賑やかな部屋で向こう側の人に大声で呼びかけるとき、池に飛び込む前に深く息を吸い込むときなどだ。

しかしほとんどの時間は、この関係を意識することなくぼんやり眺めている。脳は、交通警官のようにたくさんのレベルで体に指令を出す。脳は神経系、内分泌系、免疫系などを含む全身の司令塔だ。その上、呼吸、消化、腎臓濾過、血流、酸素供給など、あらゆる生命維持タスクも管理している。

脳は内外からあらゆる刺激を取り込み、それを指揮下にある他の生理器官と共有する。うまく機能しているとき、脳は奇跡的な働きをして、実にさまざまな条件下で心身の健康を維持する。脳は驚異的にしなやかだ。

ところが、脳は対償不全をきたすことがある。食生活の乱れや運動不足、睡眠不足など、生活パターンに慢性的な悪条件が生じると、本来の構造やシステムが機能不全に陥るのだ。司令塔が仕事を果たせなくなると、途端にシステム全体が崩壊し始める。

それどころではない。最大の脅威は外から来るものではない。悪い食べ物、運動不足、凸凹のついたマットレスなどの外部要因ならまだしも扱いやすい。問題は、慢性ストレスである。「慢性」とは、常にあって、習慣的で、変えがたいということだ。慢性ストレスはいつもそこにあって消えることがない。情け容赦がない。人の心身にとって、慢性ストレスほど苛酷なものはないのだ。慢性ストレスこそサイレントキラー、沈黙の殺し屋である。

上司に急な無理難題を押しつけられた。年頃の娘が最初のデートから真夜中にやっと帰ってきたと思ったら、免許取りたての彼氏のクルマに乗っていた。要求の多い顧客からいわれのない侮辱を受けた。こうした突然のストレス要因に襲われれば、身体は反応を起こす。心臓が高鳴り、顔が真っ赤になり、胃が痛くなる。これはおかしい！と思わず叫ぶかもしれない。この手の反応は、1万年前に私たちの祖先が突如茂みから飛び出したトラに襲われたときの反応と同じだ。こういった瞬間的なストレスは、生き抜くために必要だった。この種のストレスは、特定の状況でのみ起こり、一時的であり、耐えうるものである。実際のところ、こうしたストレスがあったおかげで、私たちは現代に生き残っている。

ストレス反応のメカニズム

祝福しよう。祖先たちはストレスがある状況を生き延び、子供を作り、育てた。その能力があったおかげで私たちは今ここにいる。ストレス反応に熟達した祖先たちのおかげで人類という種は勝ち残ったのだ。そうでなかったなら地上の王者は強力なトラたちになっていたことだろう。

脳には、電光石火の反応を生み出すために大事な役割を果たすふたつの領域がある。人類が危険に満ちた古代世界を生き延びられたのはそのおかげだ。

ひとつめは、大脳辺縁系の一部である海馬だ。タツノオトシゴのような形をした海馬は、襲ってきた脅威の大きさを捉える。トラの出現は現実の脅威だ。そこで海馬はふたつめの領域、扁桃体に警報を送る。アーモンドの形をした扁桃体はやはり大脳辺縁系の一部で、神経核の集まりだ。扁桃体の働きによって化学物質、ホルモン、神経刺激が一気に発射され、今すぐ逃げ出せ！と教えるのである。

こうしたストレス反応のメカニズムは、人間が日々を生き抜くのに欠かせない役割を果たしてきた。人類が今日まで存続している理由でもある。今でも、このメカニズムはときには役立っている。目の前にシカが飛び出してきたときに素早くハンドルを切って危険な衝突を避けたり、火事場の馬鹿力で倒壊寸前の建物から子供を救い出したりした例などがそうだ。

さて、ここからが問題だ。ストレス反応メカニズムは突如の危険に対応するときにとても役に立つ。しかし、慢性的に作動するようにはできていない。１日24時間、毎日、毎日、１年中、来る年も来る年も稼働する想定で作られてはおらず、あくまでも生命に関わるような稀な事態に応答するための機能なのだ。もし長期的に内部で冷戦が続くような状況になれば、メカニズムに無理がかかり、ストレス自体が脅威と化してしまう。

「理想・思い込み《ビリーフ》・現実の葛藤」を抱えている場合、知らないうちに極めて危険な慢性ストレスにさらされていることになる。何年も慢性ストレスにさらされ続ければ、生命の危機を招きかねない。

ストレスという言葉を１９３６年に初めて用いた生理学者のハンス・セリエは、ストレスとは「変化への要求に対する体の反応全般」であると定義した。セリエは動物実験の結果から、長期にわたるストレスは人間の病気の原因となると結論づけた。高血圧、脳卒中、心臓発作、潰瘍などがこれにあたる。この発見は画期的だった。当時の医学界では病気は病原体によって生じるとされており、ストレス自体が原因になりうるというのは歴史的発見だったのである。

その後の無数の研究結果から、心理的な苦痛が肉体的な病気につながることが明らかにされた。ふだんは精神活動を見事に制御している脳は、ずっと脅威にさらされ続けることによって過負荷となり、機能不全に陥る。

ここで言う脅威は、急激に差し迫った危険である必要はなく、もっと控えめな実存的脅威だ。「自分はこうでなければならない」という理想と「自分は実はこうなのだ」という嫌な思い込みがあると、実存が脅かされる。この葛藤状態に置かれると、自分が絶対になれないものにならなくてはいけないことになり、理想に近いところにいようと、思い込みに近いところにいようと、慢性ストレスは止むことがない。

人体には、体内の状態を一定に保つホメオスタシス（恒常性維持）の機能が備わっていて、ストレス時には、その変化に対応して安定を作り出す作用が起こる。この作用のことをアロスタシスと呼ぶ。アロスタシスという動的なプロセスは生存に不可欠なものだ。心身へのあらゆる脅威や変化が、アロスタシスの安定化反応を引き起こす。アロスタシスはシーソーのように常に動き、変化や脅威に対応している。この作用は、変化や脅威が現実であろうとなかろうと、それに気づこうと気づくまいと、自動的に起こっている。

脳でストレスの影響を受けるのは、主に視床下部、脳下垂体、副腎だ。慢性ストレスが起こると、身体はまずアドレナリン、コルチゾールなどのストレス関連ホルモンを分泌して相殺し、均衡状態を回復しようとする。しかしいずれ備蓄を使い果たし、ホルモン投下の累積効果に屈することになる。その結果、極度の疲労状態に陥り、やがて病気に至る。

この悪循環は、まず疲労感から始まる。どうしてこんなに疲れているのだろう、と思って医者のところに行って注射を受けたりする。そうしているうちにも、「理想・思い込み・現実の葛藤」は事態を悪化させ続ける。生活習慣の乱れがそれに拍車をかける。悪循環が一定の臨界点を超えると、身体はどんどん憔悴し、さまざまな症状が現れ始める。胃潰瘍、アルコール依存症、喘息、緊張性頭痛、高血圧、不眠症、過敏性腸症候群、虚血性心疾患、不安障害、抑鬱、神経症、性機能障害、皮膚病などになり、健康は悪化する。

さらに、免疫系がダメージを受け、風邪、ヘルペス、慢性疲労症候群など、ウィルス性疾患にかかっていく。研究者たちは今、慢性ストレスがいかに免疫力の低下をもたらすかについて、ウィルス感染性の腺がんや肝細胞がんなどの症例で見られるような因果関係を研究している。

理想・思い込み《ビリーフ》・現実の葛藤が心身を蝕む

ここまでの話を聞いて、「この話は自意識《アイデンティティ》とどう関係しているのだろう。悪い生活習慣の話をしているんじゃないのか」と思っている人もいるかもしれない。しかし、生活習慣は目に見えやすい次元のひとつにすぎない。生活習慣が問題なら、診断して、対策して、改善することも可能だ。もっと見えにくいのは、理想と思い込み《ビリーフ》の絶え間ない葛藤によって生じる根本的なストレスの問題だ。生活習慣をいくら健康的なものに変えられたとしても、理想・思い込み・現実の葛藤によって生じる慢性ストレスを断ち切ることはできない。

状況的ストレスなら、ストレス要因をなくせばストレスはなくなる。しかし自意識の問題によるストレスには出口がない。そのストレスにやられっぱなしでいながら、気づかないまま一生を終えるかもしれない。毎日、毎時間、毎分……そのストレスは常に心身を蝕み続けている。もしかしたら、もう何年もストレスを感じていないと言うかもしれないが、水面下に隠れただけで、自覚できない下意識のレベルでストレスは続く。理想・思い込み・現実の葛藤が水面下に隠れている間も、脳はそれが現実の脅威であるかのように反応し続けている。そう、まるで獰猛なトラがいるかのように、強敵と戦い続けているのだ。

例えばこういうことである。「自分は馬鹿だ」という嫌な思い込みを持っていて、同時に「自分は利口でなくてはならない」という理想を持っている人が、馬鹿なことをしたとする。すると、脳はたちまち反応する。まるで深刻な物理的脅威に直面したかのように、大量のコルチゾールや神経伝達物質を分泌し、健康への脅威に立ち向かおうとするのだ。

これがどういう状態かと言えば、慢性ストレスが常駐していて、何かが起こるたびに脳内で引き金を引き続けている、そんな状態だ。ストレスにストレスがかかり、掛け算でどんどん事態は悪化する。加えて、差し迫ったストレス状況によって「自分は馬鹿だ」という嫌な思い込みが強化され、理想に向かうことの重要性をますます感じさせることになるため、慢性ストレスがさらに増えてしまう。

理想を脅かされるストレスは消えない

慢性ストレスと物理的脅威の違いについて、ケースで説明しよう。

川でワニに襲われて、プロの水泳選手顔負けのスピードで必死に泳いで逃げたとする。体はストレス物質を燃焼し尽くし、ほどなく落ち着いた状態に戻る。身体のシステムはそういうふうにできている。

それに対して、理想・思い込み《ビリーフ》・現実の葛藤に襲われているときは、実際に対処すべき危機がないため、物理的脅威のときと違って化学物質が燃焼されない。化学物質は体内を循環し続け、常に危険と圧力を感じ続けることになる。これは現実に人生で何が起こっているかと関係なく続く。ストレスがある日も、ストレスがない日も、心の中の葛藤がひたすら続く。嫌な思い込み、相応する理想、そして現実そのものとの間の葛藤だ。その思い込みは、望まないものというだけでなく受け入れがたいものでもある。だから、同じメッセージがずっと回り続ける。「お前は、あるべきお前ではない。あるべき姿はこうだ。しかしお前が真にそうなれることはない。なぜならお前はそうではないし、そうなれるはずがないからだ」

慢性ストレスを受け続ける状態のイメージを理解してもらえただろうか。一見何の問題もなく、落ち着いていていてくつろいでいるようなときでさえ、ストレスが続いているのだ。それはあたかも椅子に座っているときに、その椅子に必死でしがみついていないと勝手に体が浮き上がって天井に頭をぶつけてしまうかのような状況である。さらに具合の悪いことに、何か出来事が起こるたびに嫌な思い込みが強化され、理想が覆される。するとさらにストレスが生じるが、そこで出たストレス物質は物理的脅威のときと違い、燃えて消えることがないのだ。

それはこういうシーンでも起こりうる。職場でミーティング中に同僚が痛いところをついてきて、その指摘が的を射ていただけに、とてもまともに受けることができなかった。このとき自分を無能だと思い、同時に自分は有能でなければならないという理想を抱いていたら、これは大いにぐさりとくる。自分の有能さを疑われたことで怒り心頭に発していると、あたかも実際に物理的な脅威に直面したかのように化学物質が血流を巡りはじめる。しかし、急場の身体能力を高めて戦ったり逃げたりするために送り出されたにもかかわらず、化学物質がその目的で使われることはない。代わりに血圧が高まることで血管はダメージを受け、守るはずだった臓器さえ蝕まれていく。

誰かに理想を脅かされるたびに反応するのは、大規模火災の警報を受けて全消防車を出動させるようなものだ。その警報が間違いだったとわかっても、ストレスレベルは下がらない。嫌な思い込みに陥らないように、常に理想に向かう圧力が続いているからだ。この絶え間ない思考が全身を巡り、精神的にも肉体的にも苦しみが続くことになる。

自意識《アイデンティティ》とストレス反応

次に、人が内外の世界とやりとりする際の自動制御の仕組みがどのようにできているのかについて見ていこう。その後、自意識《アイデンティティ》の問題がその構造に入り込んできたときにどうなるかを見ていく。

この自動制御は自律神経系と呼ばれ、交感神経と副交感神経のふたつの系に分かれている。健康な人体は通常、副交感神経系が制御している。副交感神経は静かで機敏な生理状態を生み出し、人が互いに協力し合ったり、気遣ったりできるようにする。迷走神経という脳神経が司令塔役を担っていて、頭や目に信号を送り、友好的な姿勢をとったり、心拍をゆっくりにして消化や免疫の反応を助けたりする。迷走神経は呼吸もゆっくりにして深呼吸を可能にする。迷走神経のおかげで人は起こっていることを明晰に意識でき、その場にいて集中していながら、社交的で思いやりある存在でいられるようになる。

対照的なもう一方は、交感神経系である。交感神経系は、逃げるか戦うかの緊急事態を制御していて、激しい対応を要する稀な事態が発生したときに、必要な強いストレス反応を生み出す役割を担っている。

1万年前、人間が自然な状態でいるときは副交感神経が主役だった。しかし混沌とした現代においては、交感神経が主役だ。さらに悪い知らせがある。社会の一般的ストレスレベルは上がる一方なのだ。アメリカ心理学会によると、アメリカ人の42パーセントで前年よりストレスレベルが上がったという。健全な副交感神経系が、ひいては私たちの健康自体が今、危機にさらされている。

慢性ストレスがあると、体内に炎症が広がり、免疫系の歩兵が自分自身の体を攻撃し始める。血管が攻撃され、心臓病からぜんそく、肥満、糖尿病、呑酸、過敏性腸症候群、頭痛、勃起障害まで、さまざまな症状が引き起こされる。ストレスによって記憶力が下がり、情緒障害が起こり、思考力も損なわれる。アルツハイマー病、抑鬱、不安症、老化の加速、早死との関連も指摘されている。

慢性ストレスは、怒りや挑発のような過剰な感情表出を伴う戦闘モードで現れることもあれば、引きこもりや鬱などの逃避モードで現れることもある。逃避モードのときは元気がなく、ぼんやりしていて、人生を動かしていく意欲もない。見た目は無気力そのものだが、そのとき内側は不安と格闘している。

構造を変えれば生きる活力を取り戻せる

「理想・思い込み《ビリーフ》・現実の葛藤」という構造は、ふたつの競合する緊張解消システムの関係から成り立っていることを思い出してほしい。ひとつは志と価値観を含む現実の願望から成るシステムだ。一方でもうひとつのシステムは、嫌な思い込みを退け、その思い込みを覆い隠す、自分はこうでなければならないという理想から成っている。

ふたつのシステムが競合するときに一方のシステムが緊張解消に近づくと、もう一方のシステムの緊張が高まる。ゴムバンドが二本ある構造だ。ここで片方のゴムバンドを切ったら、どうなるのか。

30年を超える私たちの経験では、「ゴムバンドを一本切った人」には次のような変化が起こるのが典型的だ。一気に両肩の重荷が消えた、全身を気が巡り始めた、心身が軽くなった、心の底から自由になった、生きる目的が根本から変わった……。

これらは、いかにして起こったのだろうか。

想像してみてほしい。自分はもう、なれない何者かになろうとしていない。自分自身をどう思っているか、わかっている。自分を好きでも嫌いでも無関心でもいい。それは人生を創り出すプロセスに関係ない。生きるために必死でしがみついていた椅子に、もうしがみつかなくていい。力みは抜け、重圧は消え、心身ともにくつろいで自然な状態に戻っている。

この体験をした人々はたいていこう言う。今までこんなにストレスを抱えて生きていたなんて知らなかった、と。それはまるで、部屋の中で大音量の騒音が鳴り響いているのにずっと気づかず、音が止んで初めて、いかにひどい騒音の中にいたのかに気づいたようなものだ。気づいて初めて、静寂を耳にすることができたのだ。

この章のポイント

- ストレスには2種類ある。急性ストレスと慢性ストレスだ。

- 急性ストレス反応のメカニズムのおかげで、人間は危険に素早く対応できる。分泌されたホルモン物質は戦ったり逃げたりする身体活動に使われ、身体は短時間で生理的均衡を取り戻す。
- 慢性ストレスは、身体が均衡を回復する能力を圧倒し、本来の適応力であるアロスタシスを機能不全に追いやる。脳や体を蝕み、じわじわと臓器や他の身体系統を破壊し、健康にダメージを与える。
- 「理想・思い込み《ビリーフ》・現実の葛藤」は、慢性ストレスを生み出す。嫌な思い込みを隠しながら実現不可能な理想を追求し続けることで、重圧がずっと続くからだ。
- 慢性ストレスは病気につながる。健康を損ない、数々の身体症状を引き起こす。
- 根底にある構造が変わると、慢性ストレスは解消し、生きる活力を取り戻せる。

第 8 章
才能と完璧《パーフェクション》さという思い違い

プラトンの理想
ベートーヴェンの運命と第九
才能を使い果たしたい

完璧な人間とは誰のことか

あなたは知らないうちに「完璧さ《パーフェクション》」を目指していないだろうか。無数の宗教や哲学が、不完全な人間を完全な状態へと導こうとしてきた。しかし、果たして完璧さは人生の目標にふさわしいものなのだろうか。そもそも完璧な人間とは何だろうか。

自意識《アイデンティティ》の観点から考えてみよう。自分が完璧でないということは、自分の何かがおかしいということだ。完璧さという理想を持っていたら、今の自分は不完全だといつも思い出させられることになる。どんなにいい日を過ごしても、どんなにパーティが楽しくても、演奏会が素晴らしくても、友人の訪問が嬉しくても、夕陽が美しくても、子どもたちのお遊戯が愛らしくても、どんなに完璧な瞬間を過ごしても、常に自分は何かがおかしいと感じる。その何かは、「自分の不完全さ」だ。完璧さに囚われると、味わい深い人生そのものを味わえなくなる。そう、欠点や弱点、意外性、複雑さ、不完全さを伴う現実の人生そのものを味わうことができなくなってしまうのだ。

典型的なニューエイジの概念を、作家のリチャード・バックはこう表現している。「完璧さというものがある……私たちが生きる目的は、その完璧さを見つけ、示すことにある……」

本当にそれが私たちの生きる目的なのだろうか。多くの人が、何の疑問も差し挟まずにこの観念を取り入れている。だが、ここには是非を問われるべき前提条件が予め組み込まれているのだ。ひとつは、私たちには人生を通じて果たすべき使命があり、それはもっといい人間になることだ、という考えだ。それで思い出すのは、チャーリー・ブラウンが「ぼくたちは他の人たちを助けるためにここにいるんだ」と話したときに、ルーシーが返した言葉だ。「じゃあ、他の人たちは何のためにここにいるの？」

もうひとつの前提は、人生の目的は完璧になることだ、という考えである。

完璧さという目標は、遠い祖先から受け継いできたものだ。それは古代ギリシア以前の太古の昔から存在していた。

プラトンの理想

プラトンをはじめとする古代ギリシアの哲学者は、完璧《パーフェクション》さを人生最高の目標としていた。プラトンは、完全を達成するためには、世間の不完全を超越し、真善美の理想状態を目指さなければならないと記している。プラトンは、世の哲学者は何が善であるかを洞察するとともに、その過程で自分自身を完成せねばならないと考えていた。

古代ギリシア以前、完璧さは東洋の信仰において究極の霊的な目標だった。東洋の伝統では、完璧さは感覚、煩悩、世俗的苦悩を超えて「己の真の主人となる」ことを意味した。無知と自我を克服し、解脱に到達することが、自己の存在、知識、理解の完璧な状態であるとされた。解脱には大変な困難が伴い、到達するにはいくつもの人生を経ることが必要で、輪廻転生を繰り返し、魂が少しずつ善きものへと進化を続け、ようやく完璧さに到達する。ここに至って初めて、魂は生まれ変わる必要がなくなり、自由になるとされていた。

ここで、何か特定のスキルに熟達することと、いい人間になるということを区別しておこう。例えば、ゴルフがうまくなる、人の話を聴くのがうまくなる、人と接するのがうまくなる、音楽がうまくなる、コンピュータープログラミングがうまくなるなど、何かをするのがうまくなったからといって、いい人間になったことにはならない。運転がうまくなったり、料理がうまくなったりしても、その人は同じ人間だ。

完璧《パーフェクション》さという幻想

完璧な状態を、完璧でない状態よりも上位のものと見なすのはなぜだろうか。実際には、玉に瑕があるからこそ面白いということだってある。ベートーヴェンの交響曲第五番《運命》は形式的に完璧な作品である一方、《第九》として親しまれている交響曲第九番は違う。しかし、形式的に完璧でない《第九》は、堂々たる《運命》でさえ実現し得なかった表現の境地に到達している。

実生活でも、とてもいい人たちなのに、完璧《パーフェクション》さという幻想に取り憑かれたために人生の素晴らしさをないがしろにしてしまっている人たちをよく見かける。気の毒なのは、まず完璧な人間というものが定義上ありえないことだ。聖人でさえ完璧ではない。不完全なままでそれを超越していただけだ。つまり、聖人は自らの不完全さを受け入れて行動していた。だから、もしあなたが完璧な人間を目指しているのなら、ひとつ伝えなくてはならないことがある。驚くなかれ、この惑星はそれには向いていない。気の毒だが、ここは地球だ。詩人ロバート・フロストの言うとおり、「地球は愛にふさわしい場所だ。これ以上のところは思いつかない」。この地表は完璧な場所ではないし、完璧になりうる場所かどうかもわからない。でもそのほうがいい。ここには完璧さよりもっといいものがある。それは意外性や、愛や、喪失をも含む、あらゆる素晴らしい不完全さに囲まれて生きる人生だ。

何かを実際のもの以上にしようとすると、それそのものを否定することになる。いかなる美化も、美化の対象を貶めてしまう。

人生に完璧さという目標を課し、実際以上のものにしようとすると、目の前にある奇跡が見えなくなり、それを味わうことも感謝することもできなくなってしまう。

多くの哲学や宗教において完璧さは究極の目標とされているが、芸術においては違う。芸術において、完璧さとは偽物であり、無意味で表面的な馬鹿げたものと見なされている。哲学における完璧さの地位と、芸術やスポーツにおけるそれとは全く異なるのだ。

「全てに完璧さを目指す芸術家は、何ひとつとして完璧に達することはない」

――ウジェーヌ・ドラクロワ（画家）

「生き続けるためには、完璧主義に囚われる死から逃れるようにせねばならない」

――ハンナ・アーレント（哲学者・思想家）

「誰もが不完全だ」

――ジョン・ウッデン（バスケットボールコーチ）

「抜群であろうとすれば意欲が湧き、完璧であろうとすれば意欲が挫かれる」

――ハリエット・Ｂ・ブレイカー（心理学者）

「非の打ち所がないにもほどがある」

――ロバート・ブラウニング（詩人）

「全て完璧なんだったら、何も学べないし、成長もしない」

――ビヨンセ（シンガーソングライター）

「エンジニアにとっては、『これで充分』が完璧を意味する。芸術家には、完璧など存在しない」

――アレクサンダー・カルダー（彫刻家）

「鐘を鳴らせ　まだ鳴る鐘を　完璧な捧げものなんかない　何にでも割れ目がある　光はそこから差し込んでくる」

――レナード・コーエン（シンガーソングライター）

美学には「意味ある粗雑」という価値がある。完璧さは芸術の魂を奪ってしまう。ちょっとしたゆらぎは必要なのだ。

「スウィングしなけりゃ意味がない」

――デューク・エリントン、アーヴィング・ミルズ（音楽家）

不完全さを愛でる

完璧主義は人間の精神を殺し、芸術を台無しにする。人間の精神を殺し、人生を台無しにする。ロバート・フロストの詩「ニューハンプシャー」に、今ではよく知られるようになった話が出てくる。詩人のエイミー・ローウェルがニューハンプシャー州の避暑地ダブリンを見放した際、エマソンを引用して「ニューハンプシャーを創りたもうた神は、気高い土地に取るに足らない人々を住まわせて嘲った」と語った上で、ここの人たちには耐えられない、と言ったという。

これに対するフロストの返事がふるっている。「むしろ人間はもっと悪いほうが芸術のためになるよ」。そしてフロストは、完璧《パーフェクション》さとは全く違う目的を表現してみせた。不完全な人間の実情をこそ愛でるという目的を。

もしあなたが完璧さという理想に囚われているなら、一番いいのは手放すことだ。その目標に価値はない。追っても進歩にも何もならない。それは空虚な理想にすぎず、しかも止むことのない自己非難がくっついている。完璧さは、自分はこのままじゃ駄目だ、今のままでいてはいけない、という感覚をもたらすことしかしない。なぜ今のままの自分ではいけないのか。なぜもっとよくならないといけないのか。いったい誰が、こんなでたらめな指標をでっち上げたのか。フロストなら、その程度では芸術には悪さが足りないよ、とでも言うかもしれない。

人は、自分の子どもたちのことを、いろんな不完全さもひっくるめて愛している。不完全さと引きかえに「完璧な子ども」を手に入れたいなんて思わないだろう。子どものことをそう思うなら、自分についてだってそう思ってしかるべきだ。

完璧さという理想は、全ての理想がそうであるように、人工的で合成的な作り物だ。もし「理想・思い込み・現実の葛藤」を抱え、自分はこのままでは駄目だという「嫌な思い込み」を持っていたとすると、いつの間にか「自分を完璧にしなくてはならない」という理想まで取り入れてしまったかもしれない。生きていくにあたって「認めたくない思い込み」を打ち消すための策略には事欠かなかっただろうから、それも無理からぬことだ。しかし、そのアプローチは出口のない袋小路であることに気づかねばならない。何をやっても構造はそのままであり、完璧さの呪いから逃れることはできない。進歩も安心も永遠に感じられないだろう。

完璧さに囚われていると気づいたなら、その囚われの出どころを探ってみよう。自分が認められないのは、自分のどの不完全さなのだろうか。自分が自分をどう思っているのかについて明晰になろう。自分の考えを変えようとせず、ただその考えがあることを知るのだ。どんな考えがあろうと、健康やお金や人間関係、余暇や仕事、有意義な目標や価値観など、自分が望んでいることに変わりはない。

才能を使い果たしたい

アリストテレスの重要な思想の中に、どんなものにもポテンシャル（可能性）があれば、それは自ら実現しようとする、というものがある。のちにトマス・アクィナスはアリストテレスの思想を引き継ぎ、ポテンシャルを実現することがキリスト教の最も貴い目標のひとつだと結論づけた。アクィナスは、アリストテレスの原理を解釈してこう概念化した。「私たちにはポテンシャルがあり、したがって一人ひとり固有の目的がある。それは与えられた可能性をすっかり表現し、完全に実現することだ」と。

アリストテレスがしていたのは物理の話だった。例えば、種は花になるポテンシャルを持つ。ところが、アクィナスはこの原理を人間に拡大して適用した。一人ひとりが持つ可能性の種は発展させられることを目指している、天賦の才能は完全に開花させる必要がある、と考えたのだ。

この概念の根底にある前提を探ってみよう。才能や天分、生まれつきの能力は、その人のポテンシャルだ。アクィナスによれば、ポテンシャルには実現を目指す力が埋め込まれている。もし自分が何かの才能に恵まれていたら、そのポテンシャルを全て実現しなくてはならないのだろうか。知能が特に高いとか、手先が器用だとか、数字が得意だとか、そういう天分があったら、その天分に基づいて生きる方向を定めるべきなのだろうか。そこに選択の自由はないのだろうか。才能がいくつもあったときには、どの才能を伸ばすべきかを誰が決めるのだろうか。極論したら、才能なんてものはないほうが自由自在に人生の選択ができるということになるのだろうか。

理髪師になる才能があったら、一生髪を切り続けなければならないのか。算数が得意だったら、数学者か科学者、あるいは技術者にならないといけないのか。人よりピアノの演奏に秀でていたら、プロのピアニストにならないといけないのか。どの程度まで、自分の生まれつきの才能に基づいて人生設計をしないといけないのか。どの程度まで、自分の運命を才能に委ねるべきなのか。

人はよくこう言う。「才能を活かしなさい。この才能は神様から授かったもので、授かったのには理由があるんだから」。これは、才能は活かさねばならない、さもなければ神様を裏切ることになる、という意味だ。

「人生の最期に神の前に立ったとき、私は与えられた才能をひとつ残らず使い果たし、『いただいたものは全て使い切りました』と報告したい」

――アーマ・ボンベック（作家）

自分の才能を余さず「使い切る」ことが必要だという考え方はありふれている。果たして神は人間に、持てる才能を好きな形で使う自由を与えたのだろうか。それとも、授けた才能を使い切る義務を課したのだろうか。ボンベックの言葉からは、「才能は全て使い切らねばならない」と彼女が考えていたことがわかる。ボンベックにとって、自分の才能を使うかどうかは、自分の自由ではなかった。彼女の才能が、人生で携わるべきことを決めた。そこに選択の自由はなかったのだ。

自意識《アイデンティティ》と才能

才能によって自分自身を定義する人は多い。自分を才能や能力そのものだと思っているのだ。もしあなたがそうだったなら、才能にふさわしく生きようとする重圧のもとにいることだろう。もし才能を活かせなければ、神を裏切り、自分を裏切り、宇宙を裏切ることになる。だから才能を伸ばすことが自動的に人生の目的となっていく。

学校では、生徒たちに適性検査を受けさせ、さまざまな能力を測定する。そして進路指導のカウンセラーが生徒と面談する。このとき、適性に基づいて進路を決めるよう助言するのが普通だ。数学が得意ならエンジニアに、物事をまとめるのがうまければマネジメントの仕事に、芸術的な才能があればグラフィックデザイナーに、コミュニケーションが得意ならジャーナリストに、といった具合だ。

カウンセラーの助言に従って、もともと何の関心もなかった分野の仕事に就く人は少なくない。そうした人たちの多くは、働き盛りを迎える頃に中年の危機に直面する。これだけが人生ではないと切実に感じるが、何がよりよい人生なのかわからない。これは自分の本当の望みではなく、自分の適性に基づいて人生を築いてきたことの帰結だ。14歳のときにたまたま持っていた才能が、多くの人生の進路を決定づけてしまっている。

こうした進路指導の根底にあるのは、人が学び成長できるためには、もともと才能が備わっている必要がある、という前提だ。この考え方に立つと、その人の本当の望みは考慮の対象にならない。何を望んでいるかと関係なく、何が得意かで人生を決めるべきだ、ということになる。しかし、無視したところで本当の望みが消えることはない。望みは水面下に隠れ、本格的な中年の危機の訪れによって姿を現わすチャンスを待つことになる。

才能を活かす義務があるのか――自由と義務のせめぎ合い

「才能があったら活かす義務があるのか」。これは基本的かつ深遠な問いである。才能があっても、才能にかかわらず自分の本当の望みを追求する自由はあるのだろうか。

才能に恵まれなかった人のほうが、責任や義務が少ないのだろうか。飛び抜けた才能を持つ人よりも自由なのだろうか。もしそうなら、多くの人が才能なんてほしくないと思うだろう。なぜなら、恵まれたら最後、才能に運命を握られてしまうのだから。

ポテンシャルがあったら、全て実現しなくてはならないのだろうか。

才能は使わなくてはならないのだろうか。

サリー叔母さんがクリスマスプレゼントにとんでもない柄のパジャマをくれたら、着なくちゃいけないのだろうか。

ハーモニカを吹く才能に恵まれたら、ハーモニカを吹かなくちゃいけないのだろうか。

この章のポイント

- 完璧《パーフェクション》さは馬鹿げた目標だ。達成など不可能である。
- 完璧さには、ありのままの人生への批判が組み込まれている。
- 完璧さよりも、ありのままの人生の意外性や欠陥、不完全さを愛でるほうがいい。
- あまりにも多くの人たちが、自分の自意識《アイデンティティ》を完璧さという理想と結びつけてしまっている。
- 才能があれば使う義務があると思っている人があまりにも多い。
- もし才能が真の意味で天からの授かり物なのだとしたら、それは自分が使いたいように使えばいい。それがあるからといって、使わなければならない義務はない。

第９章

役割とステレオタイプ

シルベスター・スタローンはランボーじゃない
ブラジャーがたくさん燃やされたあとで
あなたはこういう人間だ

「男なら」こうあるべきだ

男ならこうあるべきだという社会通念があり、常々嫌気がさしている。女ならこうあるべきという社会通念も同様にあるが、私たち男性著者には「男なら」のほうが個人的にヒットする。

世界の多くの文化圏において、男の子たちは「男なら」と言われて育つ。たいてい、そういうときの男らしさのイメージは歪んだステレオタイプであり、単純化された理想にすぎない。アメリカ心理学会によると、文化的な期待に見合うふるまいは「性別規範」に適合した行動と呼ばれる。期待にそぐわないふるまいは「不適合」とされる。細かく分けて考えてみよう。

まず、「文化的な期待」だ。

この期待はどこから来たのか。その文化の中で醸成されてきたのは確かだ。近代的な文明との接触がほとんどなかった原始的な部族では、部族によって期待が大きく異なる場合が多いことがわかっている。つまり、こうした期待は人工的な発明物なのであって、自然の進化の産物ではない。例えば男性は多くの文化でズボンをはくが、スコットランドではキルト（スカート状の衣装）をはくし、ブータンではゴ（前で打ち合わせる筒袖の衣装）を着る。これひとつを見ても、無限の多様性があることがわかる。

次に「期待への適合」だ。

期待という言葉に鑑みれば、応えるか応えないかは選択できるはずだ。ただ、「選択」という言葉はぴんと来ないかもしれない。性別規範に適合するかどうかを「選択」している意識は薄いからだ。知らぬ間に適合している人もいれば、規範がしっくりしない人もいる。しっくりしない人たちにはふたつの選択肢がある。適合するふりをするか、不適合を選ぶかだ。

性別の理想を持っていると、自意識《アイデンティティ》の問題が生じる。男性なら、自分が男らしいかどうかを過度に意識している（女性の場合も同様だ。女らしいかを意識してしまう）。

実際には、身体的な冒険を好む男性たちもいれば、そうでない男性たちもいる。これは女性でも同様であり、人によって嗜好が違うというだけのことだ。レーシングカーの操縦やフットボール、ハンググライダー、スキューバダイビングなどが好きな人たちもいれば、好きでない人たちもいる。男ならこう、女ならこう、という決まりなどない。男女別に固定的なイメージを押しつけたがる人たちは、何が正しくて何が正しくないかを勝手に定義しようとしているだけだ。一体どこからその権威が得られるのか。人がどうあるべきかを決めつける権利が一体どこから来るというのか。

近年、男性の「女性化」を嘆く人たちがいる。極端な主張の例として、ダグ・ジャイルズの著書『フェミニストが嫌う男子の育て方（Raising Boys Feminists Will Hate）』（未邦訳）から一節を紹介しよう。

男の子をお持ちのご両親は、子供を男に育てたいなら、ポップカルチャー、女性化されたパブリックスクール、女性的な福音教会から遠ざけることだ。女々しい連中の手にかかったら、男らしさとは永遠のお別れになる。男の子は優男にされてしまう。去勢された現代に本物の男を育てるには困難を覚悟しなくてはならない。これは酔っ払いにきちんと小便をさせるよりも難しい仕事だ。

この突拍子もない指南書が言わんとする「本物の男」で思い浮かぶのは、シルヴェスター・スタローンが演じた「ランボー」のようなキャラクターだろう。しかしランボーを創作したスタローンは、ランボーではない。ランボーは、スタローンがしたようにスタジオに撮影に行ったり、脚本を書いたり、映画やオフブロードウェイ作品を監督したりしない。ジャイルズにもし息子がいたら（実際には二人の娘がいる）、息子にはスタローンのようなことをさせたくないのではなかろうか。提示されているのは、「男ならこうだ」という理想だ。

表面的なものは本物の敵だ。実質よりも見た目を真似するほうがたやすい。もし誰かに「男らしくない」「女らしくない」「男の子ならこう育てなさい」「女の子ならこう育てなさい」などと言われたら、それは現実の話ではなく、単に理想化された自意識のイメージの話なのだ。

昨今の政界では、美徳として理想化された勇気のイメージが、男性的なアイデンティティと結びつけられることが多い。政治家はよく政敵に向かって「男ならはっきりしろ」などと言う。相手の性別にかかわらず、相手を「男らしくない」と糾弾するのも聞く。政策に反対する理由が「男らしさ」という性的アイデンティティだというわけだ。討議のレベルをずいぶんと高めてくれたものである。立派な政治家の大先生。

ジェンダーロール（性役割）と自意識《アイデンティティ》

男女という決まった役割があると思うのはたやすい。家族、マスメディア、学校、社会が、男女の役割意識を提示してくる。大半の人々は社会的に受け入れられたステレオタイプに従うので、性差の観点で問題を生じることはあまりない。世界保健機関（WHO）はジェンダーロール（性役割）を「特定の社会が男性及び女性にふさわしいと考える、社会的に構築された役割、態度、行動、属性」と定義している。つまり、これは自分たちで自分たちを型にはめているようなものだ。ある社会秩序が求める男性の役割は、別の社会が求めるそれとは大きく異なる。女性についても同じだ。それぞれの社会規範が、男女のアイデンティティのイメージを形成していく。

そうなると、社会に属する一人ひとりに与えられた選択肢はふたつ。従うか、逆らうかだ。男として、あるいは女として認められるかどうかは、どれだけステレオタイプに合致しているかで決まる。性役割は社会が発明した純粋なフィクションなのに、まるで科学であるかのように扱われている。男ならこう、女ならこう、という性差は生物学的な事実のように見えて、実はほぼ関係ない。むしろ、社会秩序の中で発達してきた社会モデルに基づいている。

もちろん、男女間に生物学的な違いはある。言語能力や数学的能力についても数多くの研究者が統計的差異を観察している。またハートゥングとウィディガーの研究（1998年）によると、精神疾患や問題行動の発生に性差が認められるという。「成人の80種の疾患のうち、35は男性に多く、31は女性に多く、14は男女差が認められない」

2008年の研究プロジェクトの報告では、小学2年生から高校2年生の一般調査で、数学スキルに有意な性差は認められなかった。女性のエンジニアや数学者はもちろん存在するし、腕のよい料理人には男性が多いなどとも言われる。

本当のところはどうなのだろうか。

全般的な傾向としての性差はあるのかもしれない（空間認識力と時間認識力、合理的判断と直観的判断の得手不得手など）。しかし個々の男女を見る場合、統計など役に立たない。一般的に男性のほうが空間認識に優れているという統計データがあったとして、だから何なのか。一般的に女性のほうが対象物を知覚するスピードが速いとか、男性のほうがダーツのように標的を捕らえる運動能力が高いとか、女性のほうが記憶想起力に優れているとかいうデータがあったとして、だから何なのか。統計はあくまで平均値を語ってくれるだけだ。自分の個人的特徴は自分に固有のもので、他の誰とも違う。

男ならこう、女ならこう、などという決まった正解は存在しない。ただ自分のあり方があるだけだ。それは統計とも自意識《アイデンティティ》とも関係はない。こうした特性は、自分が誰なのかについて何も教えてはくれない。

ブラジャーがたくさん燃やされたあとで

半世紀以上前、ベティ・フリーダンは今や古典的著作となった『新しい女性の創造』を世に出した。フリーダンによると、アメリカの１９５０年代から１９６０年代の女性たちは、専業主婦、母親、妻という女性のあるべき姿を提示され、その理想に従えば幸せだとされていた。だが、実体は全く違った。フリーダンの調査の結果、女性たちは幸せだったどころか、絶望の中で暮らしていたことが明らかになったのだ。

対照的に、１９３０年代の映画やラジオ、広告には全く違う女性のイメージが表現されている。例えば、当時の有名女優、ロザリンド・ラッセルが演じた典型的な役柄は弁舌巧みな力強いキャリアウーマンで、時に新聞記者、裁判官、精神科医でもあった。ラッセル演じる女性は、周囲の男性とは比べものにならないくらい賢かった。なんとか攻略して主婦になってもらおうとする男の意のままにはならず、結婚したとしてもキャリアを諦めることはない。彼女にとって何より大事だったのは、自分の価値観や志に忠実に生きることだった。この時代のロールモデルには、他にもグレタ・ガルボ、マレーネ・ディートリヒ、ベティ・デイヴィスなどがいるが、いずれもずっと家にいて台所をピカピカにしたり、毎晩決まった時間に夕食を食卓に並べることに専心したりする主婦のイメージとは程遠いものだ。

１９５０年代の女性たちは実存の危機を抱えていた。女性はこうあるべきで、こうすれば幸せになれるとされた理想の姿と、満たされない現実や慢性的な抑鬱の間に葛藤が起こっていたのだ。

１９６０年代の女性解放運動は、直前の時代への典型的な反動だった。１９５０年代に弱いものとされていた女性は、力強く、自立し、自然の力に満ちた、尊厳を持つ存在として再定義された。新たな女性像は、前の時代の女性像と変わらないくらい風刺的に描かれた。これは反動によくあることだ。世間の常識への反動は、その性格上まず好戦的になるからである。例えば、「女の子（ガール）」という言葉は追放され、「10代の若い女性」と言い換えられるようになった。数年が経過し、たくさんのブラジャーが燃やされた末に、ようやく真実に迫る本質的な動きが現れ始める。男女を問わず、自分の人生をできる限り最高のものにしたいという心の底からの声が現れてきたのだ。

女性解放運動は差別的な制度や慣習の変革につながった。人々の意識が変わり、医療、工業、政治、建設、事業経営など、男性のものとみられていた様々な仕事に女性も就きやすくなった。それでも偏見はまだ残っている。特に企業の経営層においてだ。２０１３年の調査で、企業の役員に占める女性の割合は16・９パーセントにすぎない。また、本書執筆時点でアメリカ企業トップ１０００社（フォーチュン１０００）の最高経営責任者のうち、女性はわずか５・２パーセントだ。

性別は自由を妨げる理由にはならない

一方的に役割を付与してくる社会を信用してはいけない。社会秩序があてがってくる役割は、たいていアイデンティティと結びつけられている。「あなたはこういう人間で、こうでなければならない。他のものになろうなどと考えてはならない」という具合だ。役割選択の自由が社会から与えられる日が来るのを待っていても、そんな日は永遠に来ないだろう。

ただし、革命や暴動が起こらない限り社会が変わらないわけではない。性別の役割に関しては、個々人が一人ひとり、どんな人生を送りたいかを自分で内省して見つけなければならない。まず見逃してはならないのは、男性と女性のいずれもが、自意識《アイデンティティ》と役割という箱の中に入れられているということだ。人は社会的イメージと期待される責務によって縛られているのだ。

ここで、女性には抑圧されてきた歴史があることを認識するのが大切だ。過去、多くの社会が女性を男性と同等でない二等市民と見なしていた。現代においてなお、多くの社会で女性は抑圧されている。女性を男性より劣るものと見なし、ジェンダーロールを分けて捉える社会的なステレオタイプが、この抑圧を生んでいる。

これはふたつの点で不幸なことだ。まず、社会で活かせるはずの才能の多くが埋れたまま活かされないこと。そして、女性一人ひとりが本人の美点によらず、女性だからというアイデンティティによって小さな箱に閉じ込められ、人生の選択肢を奪われていることだ。

歴史を見れば事実は明らかだ。女性は、国家の指導者、科学者、宇宙飛行士、企業のリーダー、医師、発明家として歴史を切り開いてきた。男性にできるあらゆる仕事で、女性は卓越した実績を示してきた。ポテンシャルの欠如などない。性別アイデンティティのために、社会的な制限がかかっていただけなのだ。

もちろん、男性と女性の基本的な違いというものはある。しかし、その違いは、自己決定や自由、機会の平等を妨げる理由にはならない。女性が平等を求めるのは当然だ。だが、これはアイデンティティとは無関係の話だ。個人の正義と自由と権利の平等の話である。そして、このことを求めているのは女性だけではない。どんな背景の持ち主でも、性別や年齢、育ち、社会階級、経歴、体験、教育、資格、住んでいる場所などと関係なく、誰にとっても必要なことなのだ。

平等や自由や正義への願いは、男性的なものでも女性的なものでもない。もし、アイデンティティを全く考えなくなったら、どうなるだろう。そうなったら、全ての人の人生はどう変わるだろう。どれほどもっといい社会を、私たちは創り出せることになるだろうか。

この章のポイント

- ステレオタイプは、自分に「男ならこうあれ」「女ならこうあれ」といつでも押しつけてくる。
- こうしたステレオタイプは文化が発明したものであって、普遍的な真理ではない。
- 男性も、女性も、自分の自意識《アイデンティティ》の一部として取り込んだステレオタイプに閉じ込められている。

- 男ならこう、女ならこう、という正しいあり方などない。
- 人々に一方的に役割を付与してくる社会というものは信用ならない。
- 男女の違いは、自己決定や自由、機会の平等を妨げる理由にはならない。

第 10 章

自分の存在を正当化しようとする過ち

人生に必要のない重荷
鳥や犬や牛やカラスの存在意義
自分の存在意義という下心

存在証明という「善行積立」

自分がどれだけきちんとやっているかを自己評価する悪癖を持つ人が多い。今日はどうだったか、今週はどうだったか、人生のこの地点まではどうだったか、と自分自身を評価する。そういう人は、自分の成果を自意識《アイデンティティ》と結びつけていて、成果に特別な機能を持たせている。成果によって自分の存在が正当化できる、という機能だ。善い行いを十分にしたのなら、自分は生きているに値する、そう考えるわけだ。

皮肉なことに、自分の存在を証明できるほど十分に善い行いができることなど決してない。それでも、なかには毎日その日を振り返り、「今日は十分やった」「今日は十分やれなかった」と自己評価を繰り返す人もいる。

自分の存在を正当化するニーズには、一定の前提がある。まず、自分そのものには価値がない、という前提だ。この場合、自分の存在価値は世の中に提供できる善い行い次第ということになる。この前提を持つ人は、いい仕事ができたことに自負を持つことができない。あたかも「善行積立口座」があるかのように、善行を積み立てるだけなのだ。

もうひとつは、どれほど善い行いを積み重ねてきていても、決して十分ではないという前提だ。これでは、永久に自己存在を正当化する方法を探し求め続けなくてはならない。このことを「お返しをする」「恩返しする」と表現する人がいる。

これらの前提の背後にあるのは、「人間の生は、他者や世の中に貢献することで正当化されなければならないものである」という思い込み《ビリーフ》だ。

役立たずの人間には価値がないのか

ジョージ・バーナード・ショーはこう言った。

誰でも少なくとも5、6人は、この世でまるで役立たずな人間をご存じでしょう。いるよりもいないほうがましな人たちです。彼らを並べてお尋ねください。あなたの存在価値を証明してくださいますか、と。もし証明できない場合、世の中で一人前の責務を果たされていない場合、ご自身が消費する分か、多少なりともそれ以上のものを生産していらっしゃらない場合、あなたを養うために我々の社会の仕組みを用いることはできません。なぜなら、あなたが生きていることは社会の利益になっておらず、あなた自身のためにもなっていないからです。

ショーの言葉は大仰だが、同じ前提を多くの人が共有している。人間の値打ちは責務を果たすことから生まれる、責務を果たしていないなら存在する理由がない、という前提である。

働かざる者食うべからず。人間たるもの仕事を持ち、価値あるものを生み出さねばならない。そうした教えを、私たちは幼い頃から叩き込まれてきた。うまくいけばほめられ、しくじれば批判を受け、それに一喜一憂するようになる。成果を出せばよい人間、失敗すれば悪い人間。この教えはすっかり心身に染み込み、もはや言うまでもないことになっていく。隠された前提は目に見えず、持っていたとしても本人が気づくことはない。

この上なく素晴らしい人たちが、何の落ち度もないのに、根深い罪悪感を抱えていることがある。「十分やり尽くせなかった」と思ってしまうからだ。十分やり尽くせなかったという感覚は日増しに積み重なり、やがてそれは自分に問題があるという感覚に変わって、人生を蝕んでいく。

社会哲学者のエリック・ホッファーはこう言っている。「自らの努力で自己の存在を証明せねばならない者は、永久に自分自身の奴隷である」

人生に必要のない重荷

次の問いに取り組んでみてほしい。できるだけ正直に、ふだんよりも深く掘り下げて答えてみてほしい。

・自分の業績によって自分自身を定義しようとしていないか。
・成功したらよい人間で、失敗したら悪い人間だと思っていないか。
・人生には使命があるはずだが、それが何だかわからない、だから自分の使命を果たしていない、と思っていないか。
・自分の人生には使命があると感じているが、そのために十分にやり尽くしていない、と思っていないか。
・今よりももっと何かやらなくてはならないと思っていないか。

もし、これらの問いのどれかひとつにでも「はい」と答えたのであれば、あなたは自分に無用な重荷を負わせている。それは今までの人生のどこかで背負い込んでしまった誤謬による重荷だ。

いつどこでその誤謬を背負い込んだのかはどうでもいい。問題は、その誤謬を正しいものとして信じ込んでしまっていることだ。その手の概念は現実ではない。人生構築プロセスは、現実の中で起こる。

緊張構造の本質が単純明快であることを思い出してほしい。「何を創り出したいのか」「今どこにいるのか」「創り出したいものを創り出すために何をする必要があるのか」、それだけである。

これらの緊張構造の問いへの答えに自己概念が入り込む余地はない。他のどんな概念も入り込む余地はない。成功しても、いい仕事をしても、それは自分の存在を正当化するものではない。いかなる達成も、創造も、発明も、開発も、貢献も、支援も、行動も、自分の存在理由とは関係がない。

自分の存在を正当化することはできない

概念というものは、客観的現実ではない。どんな概念も、現実についての単なる印象にすぎない。その印象の中には、長年にわたって抱え込んできたさまざまな前提、理想、理論や教えなどが含まれている。「自分は存在している」。現実はそれだけだ。なぜ自分は存在しているのかという問いには、概念でしか答えることはできない。もちろん、生物学的な説明（卵子と精子が……など）は可能だろう。しかし、それは「どのようにして」という問いへの答えであって、「なぜ」への答えではない。なぜ我々が存在するのかという問いに答える理論は山ほどあるが、どれも概念に基づいた憶測でしかない。客観的に証明できるものはひとつもないのだ。

なぜ存在するのかはわからず、ただ存在していることがわかった今、どうやって自分たちが存在している事実を正当化できるというのか。がんの治療法を見つけた人は、がん患者よりも存在理由があるのだろうか。誰がそんなことを判定できるというのだろうか。事実として、自分の存在を正当化することは不可能である。これは鳥や犬、牛、カラス、米粒、木、星の存在を正当化できないのと同じだ。これは究極の謎である。人類は謎への回答をでっち上げるのがうまい。自分が存在する理由がわからなくなると、高尚に聞こえる概念を作り上げてしまうのだ。

では、事実として自分の存在を正当化できないのなら、そのことが人生に与える意味は何だろうか。それは、一気に根本的な変容が起こり、選択の自由のある新しい世界の扉が開くということだ。その世界では、達成したことと自意識《アイデンティティ》とは何の結びつきもない。何かを考えるときは本当の望みに基づいて考えることができ、いかに自分の存在を正当化できるかや、他人にどう見えるかは関係なくなる。

もしかしたら、それでもまだ崇高な何かを望んでいることに気づくかもしれない。何をしても自分の存在を正当化することにはならないとわかった上で、誰かの役に立ったり、成功を支援したり、病気の治療法を見つけたり、困っている人を助けたり、芸術を追求したり、世界をよりよい場所にするためにできることをしたい、そう思うかもしれない。そのとき、自分が望むそうした行動に、自分の存在を正当化しようなどという下心はもうない。これらは本当に他者に貢献し、何かを成し遂げること自体をしたいという、自分の真の望みからきた行動なのだ。

改めて念を押しておこう。自分の成功や失敗は、自分ではない。善行も、達成したことも、他人を助けたことも、自分ではない。同様に、自分の怠惰さや無気力さも自分ではない。人は、自分の持ち物には決してなれないのだから。

この章のポイント

- 多くの人が、自分の存在を正当化するためにいい仕事をし、社会に貢献しなくてはならないと思っている。
- 事実は、「自分は存在している」ということ、それだけだ。
- どんなにいいことをしたとしても、自分の存在を正当化することはできない。なぜなら、そもそも正当化する必要などないからだ。
- なぜ私たちが存在しているのかは誰にもわからない。それを説明する理論は無数にあり、それを嬉々として説明してくれる人も無数にいるが、実際は誰にもわからない。
- 行為や実績は自分ではない。世界にどんなに素晴らしい貢献をしたとしても、その貢献は自分ではない。
- 自分の存在を正当化しなくていい！

第 11 章

創作者と創作物

プロとして生計を立てる人たち
これは自分の得になるのか
エゴは家に置いてくること

プロフェッショナルとして生計を立てる人たち

創作者（創る人）の自分自身と、創作物（創られるもの）の両者を峻別すること。これが自分の創作意欲を理解するひとつの方法だ。

自分が創るものには、芸術作品、事業、家族、建物、書物などがある。でも、もっと大事な創作物もある。それは自分自身の人生だ。物事を達成するための方法として、人類史上最も成功してきたのが「創造プロセス」だ。既に述べてきたように、芸術、科学、技術などを含むたくさんのことがこのプロセスを通じて創り出されてきた。この創造プロセスを応用して自分自身の人生を創り出さない手はない。

創作者にもいろいろある。詩を書いたり、花を生けたり、家のベランダにちょっとした飾りつけをしたり、ブログを書いたりするアマチュアの人もいれば、脚本家、建築家、発明家、技術者、芸術家、ファッションデザイナーなど、プロフェッショナルとして活躍している人もいる。

創作者として生計を立てている人は、創作者である自分自身と創作物とを明確に区別できていることが多い。この区別は決定的に重要だ。なぜなら、区別できて初めて、作品と創作プロセスを客観視できるからだ。そこから学び、次のステップを調整していくことで、経験と勢いが生まれる。

アマチュアの場合は、しばしば違うことになっている。作品と自分自身とを混同してしまうのだ。自意識《アイデンティティ》の問題を抱えた創作者だと、何を創っても自分自身を表現したものだと思ってしまう。この状態では客観視は難しい。学び、調整し、改善して創作物を発展させていくことが難しくなる。自分の作品を自分だと思っている限り、あらゆることを感情的に受け止めてしまうことになりやすい。

この章では、あなたが学び、成長し、生きたい人生を創り出せるようになるのに役立つ、大きな一歩を提示したい。

まず、創作者（創る人）と、創作物（創られるもの）の対比から始めよう。両者の関係はどうなっているのだろうか。

二通りの可能性がある。

創作者にフォーカスする

この図は、創作意欲が創り手である自分自身を中心に存在していることを示している。意欲の元になっているのは、有名なＲＯＩ（投資対効果）だ。つまり、作品が自分に何を与えてくれるか、自分をどんな気持ちにさせてくれるか、自分の何を表現してくれるかである。

私たちの社会では、投資対効果を追求することこそが「正しい」動機だとされている。「それで何の得になるの？」と考えるように教育されてきた。偉業を成し遂げた人にテレビのインタビュアーがマイクを向けるときの質問は、たいていどんなメリットが得られたかである。だから「楽しかった」「大きな達成感を得た」などと答えるのが無難だ。人が何かをするのは見返りを得るためだ、と一般に思われている。著書『報酬が罰になる（Punished by Rewards）』（未邦訳）の中で、アルフィー・コーンは次のように述べている。

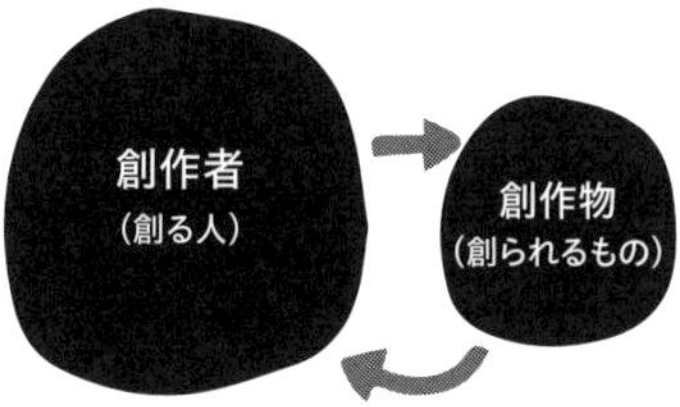

図11

心理学においては、行動理論の影響から、人間を受動的な生物と考えることは少なくなっている。ところが日常生活においては、職場や学校でも、家庭でも、通俗的な行動主義の名を借りて受動的な見方が今も蔓延している。裏返して言うなら、人間性を軽視した理論を暗黙の前提としているのだ。例えば、ご褒美を約束するやり方がそうだ。子どもに責任ある行動を取らせようとするときや、生徒に勉強させようとするとき、従業員にいい仕事をさせたいときなどに、報酬を約束するだろう。このとき、私たちは「人が自ら進んで正しい選択をすることはない」ものだと想定しているのだ。

投資対効果メンタリティが阻むもの

人間は投資対効果のために行動するのだという考え方は、人が自分の人生に関与していく能力を阻害してしまう。投資が効果を上げたとわかるのはいつだろうか。やったことから満足や楽しみが得られた、認められた、信用が増した、あるいは金銭的報酬を得られた、とわかるのは一体いつのことだろうか。もちろん仕事が終わってから、全て完成してからである。つまり事後にならない限り、その投資が効果に見合うかどうかはわからない。だからしょっちゅう私たちは効果をチェックするはめになる。「これは私のためになるのか」「やるだけの価値があるのか」とチェックしながらでは、ずっと肝心なことに集中できないままだ。

本当に集中して何かに打ち込めているときは、報酬ではなく、創り出したい成果そのものに意識が向いている。このとき、フォーカスは創作者にではなく、創作物にある。

創作物にフォーカスする

私たちの社会は投資対効果メンタリティにすっかり染まっている。そのため、最高の創作意欲が自分自身ではなく、創り出したい成果から生じるということを理解できない人が多い。

しかし気づいていないだけで、創作物にフォーカスすることは珍しくない。例えば、子どもたちを音楽教室やディスニーランド、リトルリーグなどに連れていく親は、遠い将来の見返りのためにそうしているわけではないだろう。たくさん稼ぐアーティストやスポーツ選手になってもらって老後の面倒を見てもらおうなどと思ってはいないし、子どもに感謝されることを期待して連れていくわけですらない。純粋に子どもたちを愛していて、彼らのために一番いいと思うことをしているだけだ。

詩人ロバート・フロストの言葉を借りれば「素晴らしいことは全て、それ自身のためになされる」のだ。エドガー・アラン・ポーの評論「詩の原理」には、「この詩、詩そのもの、詩以外の何物でもない詩、ひたすら詩のためにのみ書かれたこの詩」（『ポオ全集』第三巻、東京創元社）という記述がある。フランス語の標語「L'art pour l'art（芸術のための芸術）」は、メッセージ性を持つ芸術や政治的なアートが持つような実利的な機能とは隔絶された「真の」芸術が、それそのもののた

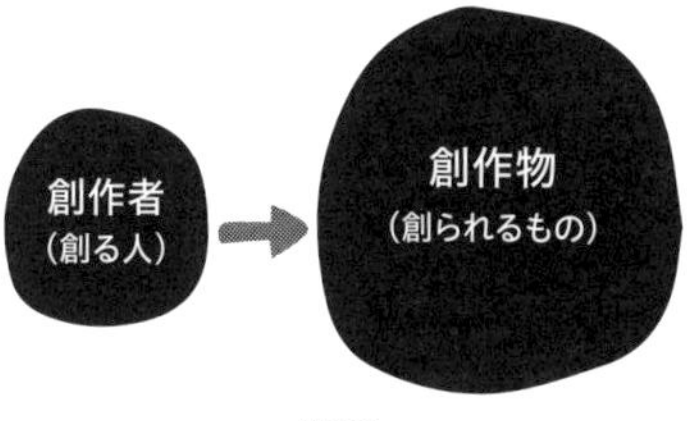

図12

めに存在することを表現している。

素晴らしいことは全てそれ自身のためになされる

この原則は、人生そのものにも当てはまるのではないだろうか。人生そのもののために生きる、ということだ。自分の人生は自分自身ではなく、自分が創り出すもののひとつだということが理解できたとき、新たな可能性が姿を現す。画家は自分の絵画ではない。だから画家は作品に調節を加えたり、違う技法を用いたり、描き直したり、絵から学んだりできる。もし画家が絵画を自分自身と混同していたら、作品が最終的な完成像にどれだけ近づいているかを客観視するのは困難だ。画家は、自分が自分の作品でないことを知っている。あなたも、自分が自分の人生ではないことを知ることができる。

場合によっては、創り出したものが大きな投資対効果を生むこともある。ロックスターは巨額の収入を得て賞賛を浴び、どこへ行っても特別扱いされる。素晴らしい投資対効果だ。だからといって、彼らは投資対効果のためにロックスターになるわけではない。音楽のためになるのだ。

ジャクソン・ブラウンの歌「ザ・ロードアウト（The Load-Out）」には、バンドの移動バスで各地を転々とするミュージシャンの日常が描かれている（車内では、音楽、ビデオ、CB無線で話すトラック運転手の声が流れる）。

僕らはホテルの部屋でただ時間を過ごし
バックステージをうろついたりする

やがて照明が上がり、いつもの観衆の声が聞こえてくる
そして　なぜここに来たのかを思い出すんだ
（中略）
だけど唯一　短すぎると感じるのは
演奏しているときの時間なんだ
――ジャクソン・ブラウン

人はよく、なぜ偉業を成し遂げたのかと問われると、それによって満足を得るからだと答える。だが実際には、満足を得る日もあれば、満足を得ない日もある。満足は移ろいゆくものだ。満足を求めて何かをやってみればわかるが、満足は長続きしないし、不本意だった日には満足など得られない。

しかし、フォーカスが自分自身にではなく創作物に向いていれば、創作に打ち込むことが可能になる。よい日にも悪い日にも中くらいの日にも、集中して打ち込むことができる。不満足な日にも、ハッピーじゃない日にも、インスピレーションが湧かない日にも、打ち込むことができる。たいていの人にとってより重要なのは、満足することよりも、打ち込むことなのだ。

成功と失敗と自意識《アイデンティティ》

そもそも成功とは単に成果を上げることだ。もちろん成功するに超したことはない。だが、失敗しても成功しても、それは自分自身について何かを意味するものではない。いつだって成功はいいものだが、失

敗は失敗で将来の成功のもとであり、次にうまくいくための学習体験となる。

ところが、自意識《アイデンティティ》の問題を抱えていると、成功や失敗を感情的に受け止めてしまう。学びは限られ、現実認識は歪められ、望む成果に到達するために効果的な意思決定を行うのが困難になる。

自意識の問題を抱えている人は、巧妙なごまかしに走ることをやりがちだ。以下のようなごまかしをやっていないか、チェックしてみよう。

・失敗したのに、実は成功だったと主張する。
・失敗がいかに有意義な教訓なのかについて話す。（例「いい結果は、いつだってこういう試練から生まれるのさ」）
・他者のせいにする。（例「私のせいじゃない」）
・運命やカルマのせいにする。
・出来レースだったと非難する。
・どうせ大したことじゃないから、と自分に言い聞かせる。（負け惜しみ）
・「たら・れば」思考に走る。（例「もっと時間さえあったら……」）
・自分をこき下ろし、次にしくじったら後はないぞと警告する。

失敗は人生につきものだ。学んで成長することと失敗はセットなのだ。いちいち感情的になっていたら失敗から学ぶことができなくなってしまう。失敗から学ぶことこそが未来の成功のもとなのだ。

フォーカスを移す

本書のメッセージは、「自分自身ではなく、創作物（創られるもの）にフォーカスを移すこと」だ。ただ、これを理解するのは簡単でも、実践するのは簡単ではない。規律と自覚がなければフォーカスを移すことはできない。段階的に新しいスキルや習慣を身につけていくことが必要だ。油断すれば途中で逆戻りすることにもなりかねない。ステラ・アドラーは、演劇の生徒たちにこう語った。「劇場で起こること一切を感情的に受け取らないこと」。俳優で演劇指導者のトッド・ブルーノはこう言っている。「エゴは家に置いてくること。ここでは自分のことは関係ない。プロジェクトを成功させることだけが大事なんだ」

この章のポイント

- 投資対効果（ROI）のために取り組むのか、それとも創作物そのものの存在のために取り組むのか。基本的な取り組み姿勢は二通りある。
- 投資対効果が目的の場合、結果は終わるまでわからない。だから、純粋に創作に打ち込めなくなる。
- 自意識《アイデンティティ》の問題を抱えた創作者は、自分自身に関する見返りが得られる成功を欲しがる。

- 創作物そのものにフォーカスを合わせていれば、完全に創作に打ち込むことができる。
- 打ち込むことこそ、人間が望むものだ。満足は決して長続きしない。
- 姿勢を切り替えるためには、自分にもたらされる損得にではなく、創り出している創作物そのものにフォーカスを移すことだ。

第 12 章

自分自身を追いつめる

銀の食器を盗まないように
町の人気者に追いつめられる
ヘンリー・フォードの蹉跌

嫌な思い込み《ビリーフ》を増幅する人たち

ここまでは、理想化した自己イメージを維持するために肯定的な意識や自己愛を高めようとする人々について見てきた。その反対側の人々もいる。行動が全く逆なのだ。この人たちは、自分が偽善者だ、何かが足りない、無能だ、平均以下だ、不安でいっぱいだ、などと感じていることを自覚している。昔は劣等コンプレックスと呼ばれていたものだ。

この核心にあるのは、「理想・思い込み《ビリーフ》・現実」の葛藤を生み出すのと同じ構造である。違いは、自分の「嫌な思い込み」をはっきり自覚していること。許せない「嫌な思い込み」をないことにしようとする代わりに、増幅しているのだ。

この状態の人たちは、情緒的葛藤を作り出し、放っておくとやってしまいかねないことへの警告を自分に与える、という戦略を採用する。例えば、自分に盗癖があると思っているなら、そのことを自分にしっかりと言い聞かせるのだ。金持ちのヘンリー伯父さんの家に食事に呼ばれたときには、高級な食器を盗んだりしないよう、自分に警告を発し続けることになる。

葛藤の操作、再び

自分に警告を与える自己管理は、「葛藤の操作」の別例である。やり方は第6章で見たとおりだ。自己制御できないと感じたら、きちんとさせるべく自己警告する。

「今日の会議ではきちんとしなくてはならない」

「PTAのミーティングでは、余計なことを言わないように黙っていること」
「空港のセキュリティチェックを通るときは、くだらないギャグを言ってハイジャック犯に間違えられたりしないように気をつけること」

この戦略を採る人たちは、常に自分自身に重圧を与えて自己制御しようとすることが多い。想像を絶するような自己叱責によって自分自身を痛めつけるのだ。

若くしてオハイオ州議会の上院議員となり、29歳で連邦議会の下院議員となったティム・ライアンは著者『マインドフル・ネーション（A Mindful Nation）』（未邦訳）でこう述べている。

私の中の思考は、いつだって断罪的で批判的だった。意地悪でさえあった。そうした思考が繰り返し現れることがだんだんわかってきた。背景にいつも流れている騒音のようでもあった。今まで気づいていなかっただけなのだ。それに気づいて初めて、私は自分につらく当たってきたのかもしれないと悟った。どんなに憎い敵に対してもそんな仕打ちはできないと思えるほどの無慈悲さで、残酷に自分を裁いていた。過去に下した判断が正しかったのか、演説の一節やふと口にしたコメントはあれでよかったのか、いったん疑いがかかったら最後、思考のループから逃れられない。それは自分で自分を責め続ける重圧だった。私は自分のことを、親切で、心優しく、思慮深い人間だと思ってきた。でも、それは他人に対するときだけだった。自分自身に対しては、残酷で、不寛容で、操作的で、意地悪で、必要以上に断罪的だった。生まれたばかりの甥っ子のことを思い出すと、そんな接し方はありえないとすぐわかる。他の誰に対するときでも、みんなに対しては本当にいい人で、自分に対しては本当に嫌なやつだった。

他にもわかったことがある。私はずっと前から、知らないうちに頭の中で壮大なストーリーをこしらえていたのだ。誰にも話したことはなかったし、それどころか自分でさえも気づいていなかった。私は政治家として成功し、完璧な女性と結婚し、数百万ドルの資産を持ち、本や映画をいくつか世に出す必要があった。これらを全て実現できなければ、家族や友人から落伍者と見なされる、そういうストーリーだ。なんてひどい話だろう。こんな自作のストーリーを守るために、いったいどれだけの時間とエネルギーを費やしてきたことか。

ライアンがこしらえた理想を見てみよう。政治家としての成功、完璧な妻、大金持ち、本の著者、脚本家。これらはどれも、成功のシンボルであって本当の望みではない。それに対して「嫌なやつ」という自己イメージはまさに嫌な思い込み《ビリーフ》だ。この嫌な思い込みを使って自分をむち打ち、よいふるまいに追いこむ。ここでの思考の流れは、「自分は本当に嫌なやつだ、そしてそんなふうであってはいけない」というものだ。

もちろん彼が特別なのではない。フォーカスを自意識《アイデンティティ》に向けると、自分の情けない真実が他人に露呈するのが怖くなる。仮面をつけることが大事になり、そのせいで誰とも本当の人間関係を持てなくなる。そこで見せている自分には、他ならぬ自分自身が欠けているからだ。誰かと親しくなればなるほど、相手から自分を隠すことになる。この悪循環の中で、自分はひどい人間であり、決して本当の姿を見せてはならないのだという観念が強化される。そして、仕事や交友で人の輪の中にいるときでさえ孤立していく。「自分は何かおかしい」という感覚が、やることなすこと、考えること感じること、経験することの全てにつきまとう。自分自身が、知らない土地にいる見知らぬ人になってしまうのだ。

嫌な思い込みだけでこの構造が引き起こされるわけではない。自分の志や価値観、願望、大切なことを実現したいと切望する強い思いも同時に働いている。人生でどこかにたどり着きたいと思っていなければ、自分を叩きのめす必要などないだろう。

葛藤の操作をやっている人は、当然の成り行きとして、「自分に優しくしよう」とか「自分を愛せるようにならないといけない」とか「自分の素晴らしさを声に出してアファメーションしたらいい」などと言われたりする。しかし、彼らの根底にある構造に目を向ければ、こうした気休めが逆効果になることは理解できるはずだ。自分をいくら元気づけても、嫌な思い込みは内向きに強化される。このタイプの人たちは、できることなら自分を愛したいし、自分の欠点を受け入れたいし、自分は立派で素晴らしいと思いたい。ただ、そうはできないでいるのだ。

客観的な批判と主観的な批判

同じ批判でも、客観的か主観的かで雲泥の差がある。

主観的な批判は、情緒的葛藤をもたらす。葛藤によって行動を改めさせようとするのである。客観的な批判は、ある状況に対して自分がどれだけうまくできたかを評価するためのものだ。客観的な批判が得られることで、何が機能し、何が機能しなかったかがわかる。次にもっと成功するためにはどう改善したらいいのかという学びにつながる。

自意識《アイデンティティ》の問題が絡めば絡むほど、批判に対して客観的でいられなくなる。もし、自意識が全く絡まなかったらどうだろうか。物事を観察し、そこから学んで、改善することができるだろう。どんな助けが必要か、どんなスキルが必要か、どんな知識や経験を得る必要があるかも知ることができる。客観的な評価は、人生を創り出すプロセスに欠かせない材料だ。客観的な評価が得られれば、経験は全て実験になる。「これをやったらどうなるか見てみよう。あれをやったらどうなるか見てみよう」。成功と失敗のいずれからも、効果的な成果の上げ方を等しく学べる。事の成否に感情的になることはない。

自意識が絡むと起こりやすい典型的な心の中のおしゃべりを見てみよう。


――さて、カウチ（ソファ）を左に動かさなきゃ。

――最初からそっちに置いておけばよかったんだよ。そうすれば動かさなくて済んだのに。

――そりゃそうだけど……。

――まあいい、動かすか。

――さあいくぞ。あれ、思ったより重いな。

――軟弱なやつだな。悪いものばかり食べて運動もしないカウチポテト族がカウチを動かそうだなんて、笑わせる。

――誰かに手伝ってもらったほうがいいかも。

――何だって？　こんなちっちゃなカウチが自力で動かせないのか？　具合でも悪いのか？

――あと少し、もう少し……。

――あーあ、また変な場所に置いちゃって。駄目なやつ。どこまで役立たずなんだよ。

――確かに役立たずだね、思ってみれば。

――先週、腰を痛めたの覚えてる？　あの重いトランクを動かそうっていうときに、誰かに手伝ってもらえばいいのに、そういう機転も利かないからあのざまだ。

――現実を直視しなきゃいけないんだね。僕はトランクも動かせない駄目人間だ。ましてカウチなんて動かせない。しかも、なんとか動かしたら置き場所を間違える。

――ああ、そのとおり。本当に駄目なやつだ。


ここで自意識が絡んでいなかったら、心の中の会話は違うものになる。


――さて、カウチ（ソファ）を左に動かさなきゃ。

――ということは、最初にここに置いたとき、間違えていたということだ。

――今わかっているのは左に動かすということかな。やってみよう。

――あれ、思ったより重いな。誰かに手伝ってもらったほうがいいかな。

――まあ、もう少し自分でやってみるか。それで無理だったらジョーを呼ぼう。

――よしよし、少しずつ。よし、ここだろう。じゃあ後ろに下がって、ここでいいか見てみよう。そうだなあ、よくはなったけど、まだ違うな。何が違うのかな。どう変えたらいいのかな。もうちょっと左にしようか。動かす前に心の中でイメージしてみよう。ああ、いい感じだ。じゃあちょっとずつ動かすぞ。よし、ここだ。さあ、後ろに下がって、これでいいか見てみよう。

注目してほしいのは、内なる会話で何について話しているかである。後者において、会話の中身は「カウチの置き場所について」だ。「自分自身について」ではない。

自分を操作する

なぜ、自分を操作しようとするのか。それは、放っておくとろくなことをしないと思っているからだ。自意識《アイデンティティ》の問題を抱えている人は、もともと自分はきちんと行動しないと思っている。だから、正しい行動をさせるために、一方では警告を発して脅し、他方では励ましの言葉をかけて勇気づけるのだ。そうでもしないと「正しいこと」をしないという前提に立ったアドバイスは、これでもかというほどある。

ここでいう操作の要素を含んだ助言のいくつかを紹介しよう。

「解決に加わっていないのなら、問題に加わっているということだ」

——エルドリッジ・クリーバー（作家・政治活動家）

ここでは選択肢がふたつしかなく、そのうちひとつは受け入れられない。この言葉の意味は実にシンプルで、「解決に加わりなさい」、つまりたいていはこの発言をしている人の運動に加われということだ。もし加わらないなら、加わらない自分が問題だということになり、これを自分の問題として感情的に受け取ることになる。

「生まれた年は世界に参入しただけの年で、それ以外の年は自分の価値を証明する年だ。祝福に値するのは後者である」

――ジャロッド・キンツ（著述家）

自分の価値を証明することが決定的に重要で、祝福に値するという。生まれたことは祝福に値せず、だから誕生日を祝うのはやめなさい、とでもいうのだろう。では、自分の価値を証明しそこねた年はどうなるのだろうか。もし「自分は無価値だ」という嫌な思い込み《ビリーフ》があったらますます大変なことになる。ここには「人は人生で自分の価値を証明しなければならない」というテーマが隠されている。つまり、自分はただいるだけでは価値がないから、何かよいことをして埋め合わせなければならない、ということだ。それができないなら川に降りていって橋から身投げしたほうがいいことになる。そう、『素晴らしき哉、人生！』のジミー・スチュアートのように。映画のように天使が出てきて、素晴らしい人生だったよ、と示してくれたらよいのだが。たとえ「価値」はなかったとしても。

「できると思う者とできないと思う者とはどちらも正しい。君はどっちだ」

――ヘンリー・フォード（企業家）

これは「できると思え、そうすればできる」というよくある宣言だ。会社のオフィスで派手なポスターに書いてある分にはもっともらしく見えるが、その中身は馬鹿馬鹿しい。ひとつ聞いてみたいのだが、できないと思って始めたことが、やってみたらできた、という経験はないだろうか。たいていはあるだろう。できると思って始めたことが、やってみたらできなかった、という経験はどうだろうか。もちろんあるだろう。最初の時点で考えたことは単なる憶測であり、途中の時点で考えたことも全て憶測にすぎない。

確実に渡れると思っている道でも、いざ渡り始めたらバスにはねられて渡りきれないかもしれないという話（第5章）を思い出してほしい。できるかできないかは、終わってみるまでわからないのだ。ところがこの手の言明は、とにかく「できる」と思い込ませようとする。これも元をたどると自意識の問題だ。読み手に対し、できると思うタイプか、できないと思うタイプか、どちらの人間なのかと問う。その奥にあるのは、前者のタイプであるべきであって、後者のタイプであるべきではない、というメッセージなのだ。

ここで留意してほしいのは、自分のことをナポレオンだと思い込み、大軍を率いてロシアを攻撃できると妄想している人たちがいることだ。自分のことをヘンリー・フォードだと思い込み、大量生産工場を発明したと思っている人たちもいる。彼らは「できると思う」タイプの人たちだ。ただし、精神科病棟にいることが多い。

ヘンリー・フォード自身はキャリアの前半で大成功を収めたのち、多くの挫折に見舞われた。時代が変わったのに、彼は変わらなかった。フォードは「できると思う人間である」ことに囚われた挙げ句に、現実が見えなくなったのだろうか。

「人類のために勝利する前に死すことを恥じよ」

——ホーレス・マン（教育改革者）

選択の自由ももはやこれまでだ。この言葉の背後にあるのは、人には使命があり、それは人類のために勝利することだという前提だ。使命を果たせない間は自分を恥じ、罪の意識を持って当然であり、勝利できて初めてやっと死ぬことが許される。ここには、命という奇跡への理解も感謝もない。人間は、蟻塚に貢献するために働き続ける大量の蟻たちと同じ存在にすぎないというわけだ。

「夢が与えられるときは、実現する力も必ず与えられている。ただし、努力は必要かもしれない」

——リチャード・バック（作家）

この高尚そうな常套句は、夢とは与えられるものであって、自分が生み出すものではないという考え方から出発している。与えられた夢は、天からの自分への前進命令と化す。夢を与えた天は、その夢を実現するための力も同時に授けているという。そして、後半の「ただし、努力は必要」のくだりは、頑張れば成功することを示している。

だが、多くの人々はそれぞれ自分の夢を持っている。叶えられる夢もあれば、叶えられない夢もある。夢を持つのは特別なことではない。人生で創り出したいことの多くは、努力や学び、発明、粘り強さなどを要するだろうが、そこには引用で示唆されているような魔法は存在しない。

この言葉は自意識も示唆している。与えられた夢は自分に固有の特別なものであり、その実現のために与えられた力もまた自分固有のものだからだ。両方が与えられたからには、それを実現する責任は自分が負っている。そのためにその夢が自分に与えられたのだから。与えられたものを生かせたかどうかで、自分がどういう人間かが示されることになる。

「アリストテレスは『卓越は習慣なり』と言った。私はさらにこう言いたい。卓越は、仕事をやり遂げた直後に得られる、畏怖を感じるほどの感覚によって持続するものだ、と。人は少しくつろいだらまたその感覚を味わうべく動き始める。なぜなら、この感覚を得ている時間以外は取るに足らないものだからだ」

——クリス・ジャミ（詩人）

まず、これはアリストテレスの専門分野だ。卓越はアリストテレス自身の習慣であり、同様に、知的な誠実さや鋭い知性、優れた規律、物事を観念的にではなく具体的に理解することも彼の習慣だった。ジャミの引用をアリストテレスは気に入らないだろう。アリストテレスは一般化を嫌ったのだ。プラトンは、人間は生まれては消えるが人間性は続いていくと言った。プラトンにとっては、実際の人々ではなく、人間性こそが現実だった。アリストテレスは違う。アリストテレスは、「人間性」のような集合名詞は便利だが実際に存在する実体ではなく、実際に存在する男女こそが現実だと喝破した。ジャミは、アリストテレスの観察に情緒的な体験という「投資対効果」を付加した。まるでそうした感覚が得られるからこそ畏怖を抱かせる仕事が重要だとでも言っているようだ。そうなると、偉大なものを創り出す目的はそうした見返りを得ることであって、創り出すこと自体ではないということになる。ロバート・フロストの言葉とは好対照だ。「偉大なことは全て、それ自体のためになされる」

「愛にふさわしい人になりなさい。そうすれば愛はやってくるでしょう」

——ルイーザ・メイ・オルコット（小説家）

この言葉は、自分がどれだけ愛にふさわしい人間かを問い、ふさわしくなるまでは誰にも愛されない、と言っている。愛されたければ先にすることがある、それは愛にふさわしくなることだ、というのだ。この引用句はとても純真そうに見えて、実は「今のままのあなたを愛する人はいない」というメッセージを突きつけている。愛は獲得せねばならない、そのままでは駄目なのだ、と。また、この言葉は一種の互恵性を示唆している。もし自分がなすべき仕事をして愛にふさわしくなったら、今度は宇宙がなすべき仕事をして自分の伴侶を連れてきてくれるというのだ。そうなったらおめでとう。

ウェブで検索すれば、こうした「名言」は山ほど見つかる。たいてい高尚じみた感じで、どれにも自意識に訴えてくるものが埋め込まれている。きちんとした人間であるためにやらなくてはいけないこと、逆にやってはいけないこと。こうした「名言」には、ほぼ常に、何をしてもそれは自分自身のことだというテーマが隠されているのだ。

この章のポイント

- 人によっては自分の「嫌な思い込み《ビリーフ》」をわかっていて、自分自身に重圧を加え、情緒的葛藤を引き起こすことによって自分の望まない自分にならないようにしている。
- そこには、「放っておくと、自分はろくでもないことをしてしまう」という前提がある。
- そういう人たちは、自分で思い込んでいるよくない自分を監視し続けなくてはならない。
- これも自意識《アイデンティティ》の問題である。
- あなたのことではない！

第13章
自意識《アイデンティティ》と偏見

偏見を持つほうが楽な理由
人類最古の社会秩序システム
科学に仮説の居場所はない

人種に関する書籍をAmazon.comで探すと、4万2000冊以上見つかる。この歴史的に最も複雑なテーマのひとつについて、ここで深く掘り下げることはしない。その代わり、人種の問題が自意識《アイデンティティ》の問題といかに密接に関連しているかを見ていく。本章では人種と自意識、偏見について洞察する。

カテゴリー思考

言語は、物事を分類し、それに言葉を当てはめることで機能している。例えば「椅子」という言葉は、あらゆる椅子に共通する特徴を持つ物体を表現している。椅子という言葉を聞けば、すぐに椅子のカテゴリー、つまり椅子という特徴を共有するグループが思い浮かぶ。

実際にある特定の椅子を理解しようとすると、「その椅子」と「椅子というカテゴリー」の間の共通点と違いを明らかにしていくことになる。私たちの頭はそうやって言語を生み出し、使っている。物なら名詞、動きなら動詞の一般的なカテゴリーがある。私たちは、目に入ったものをそうしたカテゴリーに分類し、それからその個別の事物に特有な特徴をカテゴリーの一般的な属性と対比させて区別していく。

こうした思考方法のおかげで、私たちはさまざまな事物を容易に扱うことができる。台所の流しや、ドア、テレビ、自動車、ビルなどを見たとき、それが何なのかを一から解明しなくて済む。見た瞬間に、それが何なのか、何が起こっているのかを理解できる。

しかし、このようにカテゴリーで考えることは、正確な知覚の妨げにもなる。何かを本当に知る前に、「もうわかった」と思い込みやすいのだ。人には、目の前の事物をきちんと見ず、「これはあれに似ている」と思う傾向がある。そのため、現実を歪めて捉えてしまう。

1954年に、心理学者のゴードン・オルポートは、偏見をカテゴリー思考と関連づけた。人間は物事を一般的なカテゴリーに当てはめて思考するため、偏見が生まれるのは自然で当たり前なプロセスである、とオルポートは提起した。そしてこう記している。「人間の頭はカテゴリーに助けを借りて考えざるを得ない。カテゴリーは一度形成されると通常の予断の基礎となる。人間はこのプロセスを回避することができない。秩序ある暮らしはカテゴリーに依存している」

人間の思考は自動運転のように勝手に進むものだが、私たちはそれを制御する手段として「観察」と「理性」も持っている。つまり、思考の過程では、「自動カテゴリー分類」「観察」「理性」という三つの力が作用しているわけだ。この三つは競合することもある。特に、「観察」と「理性」による結果が、自動生成されたカテゴリーの属性と合わないときがそうだ。

きちんと観察して理性で判断するよりも、自動分類のカテゴリーに従うほうがたやすい。偏見を持つほうが、持たないよりも楽なのだ。偏見とは先入観であり、実際に観察する前に結論を出すことである。偏見は、事実と証拠を検証した後に結論を出す真の判断とは全く異なる。

例えば白人を見たとする。すぐに白人種だと思い、そのカテゴリーの属性で見る。黒人を見たら、黒人という人種の属性で見る。頭はすぐさまカテゴリーに人を選り分けてしまう。このとき、頭は三つの仕事のうちのひとつしかしていない。残りのふたつは「観察」と「理性」である。

もしあなたが若い黒人男性で、アメリカの都市の治安の悪い地区に住んでいたなら、「敵対的な警官」というカテゴリーを持っているかもしれない。そうなると、警官やパトカーを見るたびに自動的に連想するのは、理不尽な扱い、危険、敵意である。一方、あなたが同地区を担当する警官だったなら、「ギャング」

というカテゴリーを持っているかもしれない。そうなると、若い黒人男性を見た瞬間に自動的に連想するのは、生命の危険、暴力、犯罪、銃、そして敵意だ。

こうした結論はよく考えた上での判断ではなく、生存本能の産物だろう。どちらの側も、自分の中に生じている作用に気づかないまま相手側を責める。どちらも、互いに「あいつら」という観念に縛られている。特定の行動パターンを相手方の印象に結びつけることで、ますます「あいつら」の印象は強化されていく。警官が敵対的にふるまえばふるまうほど、若い黒人は警官を敵対視するようになる。若い黒人が敵対的にふるまえばふるまうほど、警官は若い黒人を敵対視するようになる。どちらの側も、自分の見方が正しいという証拠を積み重ね、固定観念をますます強めていく。

この構造は破滅的なサイクルにつながる。例えばこんなことが起こる。ある警官が、無防備な若い黒人男性を射殺する。警官は罪に問われない。黒人コミュニティが抗議の声を上げる。抗議は平和的に始まるが、強い反感を持つ一部の人が暴力的になっていく。警察は防衛的になる。やがて警官の暗殺事件が起こる。警察側はますます危機意識を強化する。こうした悪循環で事態はエスカレートしていく。

頭が自動運転しているときに、理性に働きかけようとしても難しい。当事者たちが、気づかないまま「悪循環システムのプレーヤー」と化しているため、事態の収拾は困難だ。頭の中で起こる自動的なカテゴリー分類が、悪循環を加速させている。

どちらの言い分にも一理ある。その地区にギャングが存在するのは事実だし、ギャングが物騒なことも事実である。一部の警官が黒人、特に若い黒人男性に対して偏見を持っているのも事実だ。白人より黒人のほうが警官に職務質問される確率が高いのも事実であり、地域によってはその差は5倍にも上る。黒人男性の中にはギャングがいることも事実で、ほとんどの黒人男性がそうではないのも事実である。そんな中、自動分類する頭は「無罪と証明されるまで有罪」と訴えてくる。このままでは問題は解決できない。

解決に至るためには、観察と理性の力が、自動カテゴリー分類の力を上回る必要がある。偏見は、一般化した観念に基づいて無思慮に自動的にカテゴリー分類を行うことから始まる。別な言い方をすれば、偏見とは、現実に通じていないことの一例である。現実そのものをありのままに見ることなく、感情的に反応するのだ。最悪の事態におけるリスク評価も現実のうちだが、それも見ない。身の危険を感じたら防衛的な行動を起こす。悪循環が進むにつれて敵意も増幅されていく。どちらの側も、相手側が戦争を仕掛けてきているのだと主張する。

部族主義的な対立

人間がいくつかのグループに分かれると、そこにはある種の「部族」とでも呼べる集団が形成される。部族は「集団自意識《アイデンティティ》」を中心としてまとまり、部族への帰属のほうが個人の自由よりも重要になる。部族のメンバーは、個人の価値観や志を追求するよりも、集団の規範に従うことを重視するようになる。

こうした部族主義は、人類の歴史上最古の社会秩序だ。古来の制度の多くと同様、部族主義の成り立ちには理由がある。私たちの祖先は、種として生き延びるために部族を必要としたのだ。やがて歴史が進むにつれ、人間は個人主義に目覚めていった。こうして個人の自由と社会の規範や因襲との間に対立が生まれ、現在に至っている。

国によっては、個人主義は家族や社会集団への侮辱と見なされている。個人が何かしらの選択をしようとしても、家族のアイデンティティに反すれば阻まれる。家族の体面を守ることへの圧力は強大で、個々人は自分を偽った見せかけの人生を送ることを余儀なくされる。こうした社会構造の中では、生き抜くためにそうせざるを得ないこともある。

ローマ教皇フランシスコはケニアを訪問したとき、スタジアムいっぱいの若者に、立ち上がって手をつなぐように呼びかけた。単純な動作の呼びかけだったが、そこには深い思いが込められていた。部族主義がもたらす破滅的な力と、人々が手を取り合って力を合わせることの強さだ。ケニアの歴史は部族主義に血塗られてきた。ほんの10年前にも危機的な事態があった。

しかし、部族主義は発展途上国だけの問題ではない。世界中の問題だ。現代社会の大問題は、テロリズムそのもの以上に、その根源である部族主義なのである。

部族主義という言葉には原始的な響きがあり、ジャングルで自分の縄張りを守ろうと槍を持って駆け巡る1万年前の人類の姿が思い浮かぶかもしれない。だが、あらゆる発展を遂げてきた現代文明においてなお、部族主義は人類を苦しめている。ナショナリズム、ショービニズム（排外主義）、外国人恐怖症、不寛容、これらは呼び名を変えた現代の部族主義に他ならない。

中東や一部の東欧地域では、多くの国が第一次世界大戦後に建国されたが、部族主義が偏見を生み、偏見が敵意につながっているため、ひとつの国の中で複数の集団が手をつないで力を合わせることが難しい状況が続いている。

ナショナリズムが全て部族主義というわけではない。自国の文化に誇りを持つことはかまわない。フランス料理、アメリカのロックやジャズ、ドイツの工学、日本のデザイン。こうした例は枚挙にいとまがない。

素晴らしい文化の驚異は、その国の国民であろうとなかろうと共有し味わうことができる。実際に、全世界がさまざまな文化の豊かな恩恵を受けている。

しかし、ナショナリズムの醜い面は、自分たちの国（部族）以外の集団を非難するという形で顔を出す。こうして「自分たち」対「あいつら」の精神構造が生み出され、自分たちの部族が敵の部族よりも優れているという観念が醸成される。

過激化する人たち

集団自意識《アイデンティティ》の問題は、太古の昔からある。にもかかわらず、困ったことに、現代ではその問題が大きくなるばかりだ。これは人間心理の欠陥かもしれない。私たち人間には、似たもの同士で集まって集団を作りたがる習性がある。人間は社会的な動物であり、他者とのつながりを求めるものだ。この習性から見ると、技術の進歩に伴うグローバル化の進展は朗報となりうる。身近な「部族」の枠を越えて、より広く他者とつながれるようになったからだ。より広い範囲でつながった人々は、互いの共通点を知り合う。そして互いの違いがコミュニティを豊かなものにしていく。教皇フランシスコはケニアの若者たちに、インターネットで他者と知り合い、ソーシャルメディアを通じて広い世界に触れるようにと呼びかけた。教皇には、それが過激化の解毒剤になることがわかっていた。もし世界全体が友情で結ばれたなら、もはや過激化するのは難しくなる。

過激化する人たちには共通点がある。それは、独りでは不安だということだ。彼らは、自分は何者でもない、自分には何も特別なものがないと思っている。だから集団に帰属して自分の自意識を増強しようとするのだ。カルトや過激派の指導者はそのことをよくわかっていて、彼らが必死に求めている栄誉や賞賛を巧みにちらつかせて惹きつける。集団のためとなれば、銃を手にとって無辜の民を殺戮するのもたやすくなる。だが、これは本能に反する行動であり、並大抵のことでは身を投げ出すまでには至らない。

栄誉、栄光、あの世の楽園。こうした報酬には抗しがたい魅力があるが、死にたくないという生存本能を上回るほどではない。強力な生存本能をも凌駕する力を得るには、さらなる要素が必要になる。それは、敵が単に悪者であるだけでなく、自部族の存続の脅威になっていることだ。生命の危険をもたらす共通の敵がいるとなれば、人々は簡単に結束する。

そのためには、敵が自分たちの実存を脅かす存在でいなくてはならない。それを信じるには、現実に対して無知でいる必要がある。なぜなら、人間には相違点よりも共通点のほうが多く、現実が捉えられれば相手をそのように見るのは難しくなるからだ。

過激主義は、アイデンティティに転じることで文化から豊かさを奪う。何もかもをシンボル化してしまう。現実をそのまま観察して理解するのではなく、あらゆることを何かしらの大義を与えられたシンボルとして捉えるようになるのだ。宗教や政治、民族性の名において、過激主義に染まる人々がいる。過激主義は常に部族のアイデンティティに拠って立っている。

欧米の社会では、ISやアルカイダのプロパガンダに負けない対抗メッセージが必要だ、という主張がよく聞かれる。テロ組織に勝るコミュニケーションが必要だというのである。だが、これは間違っている。ある集団の自意識への訴求を、別の集団の自意識への訴求で打ち負かすことはできない。自意識の基盤をなす前提の茶番こそを暴かなくてはならない。

社会構造がより洗練されると、健全で生産的なコミュニティにおいて個人の自由が伴うようになる。運用はより複雑だ。互いの違いに寛容になるだけでは不十分で、違いをありがたく感じてその価値を認め合うことが求められる。そのためには、人と人とが手を携え、独力ではなしえない何かを築き上げたいという思いを必要とする。こうした社会構造ができたとき、一人ひとりが持つ力は最大限に引き出されるのだ。これは非現実的な理想郷ではなく現実的な社会秩序であり、部族主義的な考え方をはるかに超えて、人類が生み出すものである。教皇フランシスコはこのことをよくわかっていた。だからこそ、国籍や信条、人種や文化を超えて、人類共通の行動のために手を結び、力を合わせることをあらゆる人々に促したのである。

帰属集団と自意識《アイデンティティ》

2013年度アカデミー賞で、助演女優賞のオスカーを獲得したのはルピタ・ニョンゴだ。スティーヴ・マックイーン監督作品『それでも夜は明ける』で、虐待された奴隷パッツィー役を見事に演じた。アカデミー賞授賞式の数日前、ニョンゴは『エッセンス』誌主催の第7回「Black Women in Hollywood」（ハリウッドで活躍する黒人女性）ランチョンでベスト・ブレークスルー・パフォーマンス賞を受賞した。

その授賞スピーチで、ニョンゴは自身の肌の色の濃さについて語った。人種ではなく、色についての話だ。彼女の肌色はとても濃い。ニョンゴは子どもの頃から、色黒なのは何かがおかしいからだと思っていた。そのため自分をきれいなどとは考えたことがなかったし、色白になりたいとひそかに願っていた。神様との取り引きさえ試みたという。もうスクールセーターを失くしません、お母さんの言うことを聞きます、だから肌の色を薄くしてください。そう誓っては、翌朝起きると鏡に駆け寄った。しかし、肌の色は変わらなかった。何年もこれを繰り返したニョンゴは「自己嫌悪の誘惑を楽しみ始めるほどになってしまっていた」と言う。

会場でニョンゴの告白を耳にした女性たちは、この肌の色の自意識《アイデンティティ》のことを深く理解していた。並外れた才能と美貌に恵まれた女性が自意識を打ち明ける姿を目の当たりにして、涙を浮かべる女性も多かった。同じ月、ニョンゴは最も華やかな雑誌である『ヴォーグ』の表紙を飾った。

皮肉なことに、肌の色の濃さについての偏見は主に同じ人種の人たちの間で見られる。濃さの度合いが自意識の要素となる。色が薄いほどよく、濃いほうが悪いというのが根底にある偏見だ。

ドキュメンタリー映画『ダーク・ガールズ』は、「colorism《カラリズム》」と呼ばれるこの偏見の醜い事実を映し出している。

小さな黒人の女の子が、何人かの少女が描かれた漫画の絵を見せられる悲痛なシーンがある。描かれた少女は同じ形をしているが、左から右に向かって、肌色がだんだん濃くなっていく。右端の絵に描かれた少女の肌色は非常に濃い。「どの子がいちばん頭がいいと思う?」と尋ねられると、女の子はすぐに一番左、つまり最も白い肌の少女の絵を指さした。次に「どの子がいちばん頭がよくないと思う?」と聞かれると、一番右、つまり最も肌の黒い少女の絵を指さした。「いちばんいい子は?」白い少女。「いちばん悪い子は?」黒い少女。

これは1940年代にケネス・クラーク夫妻が行った実験の再現だ。夫妻の実験によって、黒人の子どもたちが偏見を内在化していることが明らかになった。好きな人形を選ぶように言われたとき、多くの子どもたちが濃い肌色の人形ではなく、薄い肌色の人形を選んだ。

別のシーンでは、ある女性が、自分が14歳だった頃を回想している。家族と一緒に車に乗っているときに、母親に「この子は本当に頭がよくてかわいいのよ」と言われ、それだけならよかったのに「肌の色がもう少し白かったらねえ」とつけ加えられたのだ。この言葉は彼女に強烈なショックを与えた。以来ずっと、大人になるまで黒い肌ではいけないのだと思い続けることになった。

こうした偏見はどこから来ているのだろうか。もちろん、歴史を見渡せば白人種が有色人種を支配した記録には事欠かない。特筆すべき例は大英帝国最盛期に顕著だった「白人の責務」だ。奴隷制度は有色人種を奴隷化して人間性を奪うものでありながら、そこにキリスト教的な価値を謳いつづけていた。当時は、成功した白人たちに黒人たちが依存しているという「事実」が、誰の目にも明らかなものとして映っていたのだ。

差別の構造を理解するのは簡単ではなく、肌の色による偏見を解明するにはより多くの面を検討しなくてはならない。しかし、歴史が導いた結果は明らかだ。雇用慣行、教育機会、社会的公正、機会均等、そしてもちろん司法制度の現状にそれが現れている。

あらゆる集団にはその集団としての自意識があるが、その中にも複数の区分があって、区分ごとの集団自意識がヒエラルキーを構築する役割を果たしている。「私はこの区分に所属しているからあなたより上だ」といった概念に囚われることによって、集団内で基本的な人間性が失われていく。帰属する集団によって人生が決まるかのように捉えられていく。

黒人差別に対抗するため、「Black is Beautiful（ブラック・イズ・ビューティフル）」というスローガンが生み出された。今では黒人であることを過剰なほど肯定的に捉える傾向さえ見られるが、フォーカスが自意識に向けられたままであることに変わりはない。肯定的であれ否定的であれ、アイデンティティとは自意識であり、自分にフォーカスを置くことである。自分は誰なのか、他人や他集団や他の集団内区分に対して何者なのか、といったように。

現実には、私たち一人ひとりは人種ではなく人間である。人間の存在がさまざまな人種の形をとっているだけで、いい人種も悪い人種もない。それなのに、あたかも優劣があるかのようにしている。この種の差別感情は得てして見えにくい。なぜなら、一般化すること自体は簡単な一方で、ある集団をまるごと一般化して否定的に色づけすることは胸を張ってできることではないからだ。子ども時代にそうした態度を教えられてしまうと、目に見えない差別感情が大人になるまで伏流する。ところが、差別感情はその人の最も深い価値観と真っ向からぶつかることが多い。例えば、誰でも等しくチャンスが与えられるべきだという価値観を持ちながら、同時に差別感情が伏流していると、その感情は見えにくく、認めがたく、語ることも扱うことも難しいものになる。

自意識というものは重要であるかのごとく見せかけられているが、現実には重要ではない。世間では重要だと思われているが、この点では世間が間違っている。現実において、自意識は重要ではないのだ。考えてみてほしい。人間として存在していれば自動的に何らかの人種に属することになるが、人種そのものに優劣などないのだから、その集団自意識には何の意味もない。そしてどんな人種にも、偉大な天才、芸術家、発明家、人道支援活動家、医師、教師、市民がいる。

偉大なるテニス大使として知られるアーサー・アッシュは、「僕のポテンシャルは、自分の人種や民族の集団自意識の範囲内で表現できることを超えているよ」と語っている。

オーケストラへようこそ

実力が唯一の採用基準であるはずの職業分野に、交響楽団《オーケストラ》がある。しかし、長年にわたって憧れのポジションに就くのは白人男性が多く、女性や他民族の奏者は不利だとされてきた。これは無意識の偏見のなせる技だったのだろうか。そうかもしれない。なぜなら、公平を期すために「ブラインド・オーディション」という新たな方法が開発されたからだ。主だった楽団の多くがこれを採用し、審査員から奏者が見えないように間をカーテンで仕切るようになった。純粋に演奏だけで判定できるようにしたのだ。

その結果、女性やマイノリティの奏者がより多く採用されるようになった。

見た目で分類してしまう

著者ロバートの妻が故郷のイギリスからアメリカに来てまもない頃、ボストンの高級店にショッピングに行った。とてもおしゃれな服装で行き、一流の接客を受けた。丁重で、親切で、フレンドリーだった。ところが数日後にジーンズ姿で同じ店に行ったところ、ひどい接客を受けた。店員たちは数日前の来店のことを覚えておらず、無礼でぶしつけでそっけなかった。服装以外は、顔も、声も、美しいイギリス英語も全く同じだったというのに。

彼らは服装で来店客を品定めし、ラフな服装で来た彼女を価値の低い客としてあしらったのだろう。商売下手と言ってしまえばそれまでだが、これはさりげない偏見や差別のあらわれの一例である。

人は、相手が実際にどんな人間なのかを知る前に、あっという間に相手を分類して間違った結論を出してしまいかねない。分類カテゴリーには、金持ち、貧乏、白人、黒人、ラテン系、アジア系などがあるだろう。

医師も例外ではない

ハーバード大学医学部教授のジェローム・グループマンは、著書『医者は現場でどう考えるか』（石風社）で、誤診の多くは、医師が患者をすぐ品定めすることで起こっていると述べている。グループマンによると、医師は診察を始めて18秒以内に結論を下していることが多いという。患者を一目見ただけで医師の中にある偏見が発動し、患者の訴えの信憑性を自動的に判断してしまうのだ。そのせいで悲劇的な結果に至ることも少なくない。これもまた、見た目で相手を自動分類してしまう実例だ。

医師は一般的な人よりも観察と理性を用いるように訓練されているが、従来的な医療モデルは診断と処方である。つまり、症状を分類し、分類に合った治療を選ぶということだ。これは知識を広く容易に活用できる点で優れた仕組みであり、実際にたいていは正しい診断がなされている。それでも、偏見から生じるヒューマン・エラーによって、医師は判断を誤ることがある。こうした誤判断は、特に患者が極端な肥満である場合に頻発している。

体重のことで失礼な扱いを受けたと訴える肥満患者の多さは圧倒的だ。ある調査では、肥満女性の53パーセントが体重について医師から不適切な言葉を受けたと言う。体重のせいで差別されたと感じた経験のある人は、がん検診などの定期的な健康診断を避けるようになる。

たとえ医師が体重にかかわる判断を直接口にしなくても、偏見があるだけで患者に害を及ぼすこともある。近年の調査によると、患者の肥満度が高いほど医師は患者に敬意を示さないという。この調査を主導したジョンズ・ホプキンス大学医学部のメアリー・フイジンガ准教授は、患者に対する医師の敬意が下がるほど診察時間が短くなり、医師から患者への情報提供が減ると指摘している。

無知

たいていの人は科学を誤解している、とコロンビア大学のスチュアート・ファイアースタイン教授は著書『イグノランス——無知こそ科学の原動力』（東京化学同人）の中で述べている。私たちが学校で習った「科学的手法」は、ほとんどが「新聞記事とテレビのドキュメンタリー番組、学校の指導計画を組み合わせてこしらえたおとぎ語」だという。

ファイアースタイン教授によると、真の科学的プロセスとは、未知の理解を探求することである。教授は実際に「無知」という講座を設け、科学者たちをゲストとして招いては彼らが知らないことについて数時間講義してもらっている。学生たちは、カテゴリー分類に頼ることなく、いかに観察し、いかに理性を使うかを学ぶのだ。

アイザック・ニュートンは、「科学（自然哲学）に仮説の居場所はない」と言い、ルネ・デカルトは「現象を理解するには、まず先入観を排除せよ」と言った。

クリエイティブな科学者たちは、自分の頭が先入観で物事を機械的に分類してしまうことを知っている。だから自分の思考プロセスに規律を与えて客観的に観察し、偏見を排除するようにしている。これは簡単なことではない。スキルを会得するに何年もかかるだろう。ここで数学が役立つ。数学は真に構造的な言語であるからだ。

ウォルター・アイザックソンは著書『アインシュタイン——その生涯と宇宙』（武田ランダムハウスジャパン）で、過去に根ざしていないことをアインシュタイン固有の資質のひとつとして挙げている。アインシュタインはデカルトの教える「先入観の排除」をやってのけることができた。そう、ニュートン力学も丸ごと排除できたのである。

一切の先入観を排除するなど、普通の人にはとてもできないことに思えるが、この快挙を可能にする仕組みを持つ職業もある。会計士はそのひとつだ。会計士は実際の数字を見る。数字を処理した後はやることが決まっているが、会計士が一般化した概念で考えることはない。「おたくは先週のクライアントとそっくりですよ。その人の税額はたった４０３０ドルだったから、あなたもその額を税務署に払えばばっちりでしょう」などと言う会計士はいない。全ての先入観を排除できずに会計の仕事をしていたら、刑務所行きになるかもしれない。

自意識《アイデンティティ》と偏見

自分が正しいと思う概念を持つことと、自意識《アイデンティティ》にはりついた概念を持つこととは、似て非なることだ。間違った概念は、観察と理性によって正すことができる。しかし、自意識に結びついた概念を正すのは簡単ではない。どんなに客観的な事実や証拠を積み上げても正せないことさえある。なぜなら、自意識に結びついた概念が否定されると、人格攻撃や自己の存在への脅威に感じられてしまうからだ。

こうした脅威を克服するためには、自分は自分であって自分の概念ではない、ということを思い出そう。どんなに深い信念であっても、それは自分自身ではない。信念への攻撃は自分への攻撃ではないのだ。他者に対する思い込み《ビリーフ》、特に他の集団に対する思い込みが、自意識に結びついて強固になってしまうこともしばしばある。歳を取るにつれて、硬直化する傾向も出てくる。世界はこういうものだと決めこんでしまうほど、そこから抜け出すのは難しくなる。頑固になり、柔軟性を失い、変わろうとしなくなる。論理や良識にも耳を貸さなくなる。これは望ましいパターンではない。だが、人は必ずしも年齢とともに頑なになるわけではない。世界中のクリエイティブな人たちが歳とともにどんどん頭が柔らかくなり、心を開いていくのを見ればわかる。

私たちには、偏見に基づいて自動的に結論に飛びつく傾向がある。このことを知り、観察と理性を使うことに特に重点を置くこと。これは、私たちが時間をかけて実践を通じて身につけることのできる規律である。

この章のポイント

- 人間の頭には物事をカテゴリーに分類する機能があり、偏見が生じる原因のひとつとなっている。
- この分類は、自動的に起こる。

- 人間は、観察したり、理性を使ったりすることもできる。
- 自動分類プロセスによって、現実を見失うことが多い。
- 個人の自意識《アイデンティティ》が集団の自意識と結びつくと、人は部族主義に陥り、分断していく。
- ナショナリズムには2種類ある。文化を豊かにするものと、分断を作るものだ。
- どの人種も、他の人種より優れているわけではないし、劣っているわけでもない。
- 人間は誰しも、何らかの集団に属している。そして誰もが人間性を共有している。
- 偏見は現実を歪曲する。
- 歳を重ねるごとに頑固になる場合もあれば、柔軟になる場合もある。

第 14 章
自意識《アイデンティティ》が肥満を生む

肥満児の親たちのある傾向

なぜ一所懸命ダイエットしてはいけないのか

200 ポンド以上の減量に成功したシャーリー

肥満は今や世界中に蔓延し、人々の健康に計り知れない影響を与えている。たとえ自分自身はそうでなくても、愛する家族や友達や仲間の中に肥満に悩む人がいることは多い。なかでも、アメリカの肥満人口は世界第一位で、中国、インド、ロシア、ブラジル、メキシコ、エジプト、ドイツ、パキスタン、インドネシアが後に続く。アメリカ人とメキシコ人の3分の2以上が体重の問題に苦しんでおり、アメリカ的な生活様式で暮らす他国の人々の多くも同様である。

そうした人々の大半は、健康改善のために何をしたらいいかを知っていながら、それを実行できずにいるように見える。

この世界的な健康問題は、個人、社会、環境のあらゆる要素に影響を受けている。

個人レベルでは、不健全な食生活、カロリーの過剰摂取、運動不足、睡眠不足、ストレス、老化、禁煙、遺伝などが体重に影響を与える。

社会レベルでは、家庭の食習慣や生活習慣、友人のふるまいなど、身近な人のライフスタイルが大きく影響する。肥満の人たちと一緒にいると肥満になりやすいという調査結果は記憶に新しい（ニューイングランド・ジャーナル・オブ・メディシン誌「The Spread of Obesity in a Large Social Network over 32 Years（大規模社会における32年間にわたる肥満の拡散）」）。

環境レベルでは、ウォーキングや運動ができるか、健康的な食事を取れるかといった要素が重要になる。ただ、都市の下層地区などではこうした条件を満たせないことが多い。

私たち著者が研究を進めていく中で、肥満に苦しむ人々がどんなに努力しても持続的な変化を起こせない背景に、自意識《アイデンティティ》の問題があることが見えてきた。

体重を減らそうと思うと、ほとんどの人がダイエットするというアプローチを採る。前に見たように、ダイエットで減量した人の85パーセントは2年以内にリバウンドしている。残念なことに、このアプローチは効果がないばかりか、かえって逆効果になる。多くの場合、ダイエットを始めた当初よりも結果的に体重が増えてしまうのだ。

これは揺り戻しパターンの話だな、と気づいた人もいるだろう。そのとおり！　生理学的な要素ももちろんあるが、こうなるのは主に構造力学によるものだ。理にかなっているはずのアプローチが長続きしないのは、その人の根底にある構造が減量を支えるものになっておらず、自意識の要因を含んでいるからなのだ。ほとんどの人が、自分自身に対する自分の見方のせいで、健康的な体重に至る道のりを複雑にしてしまっている。

肥満は価値を下げる？

自意識《アイデンティティ》の影響を、ふたつの面から見ていこう。まずは肥満の増進を引き起こす影響、次に減量の持続的な成功を阻害する影響だ。

子ども時代には、誰もがさまざまな影響や刺激を受けながら育つ。遺伝もあれば、家族のライフスタイル、学校やその他の生活環境、社会心理的な要因もあるだろう。幼少期に居場所がないと感じたり、友達や大人とうまくいかなかったり、無力感にさいなまれたりすると、情緒的な葛藤を埋め合わせようとして過食が起こる。過食は不安を和らげるために自分を鎮静させる行動であると同時に、自分に欠けている何かを代わりに補うための行動でもある。食べものによって、優しい保護者がいないことを穴埋めしようとしたり、逆に、過保護な親が愛情の証明として必要以上に食べさせたりすることもある。肥満はこうして始まることが多い。

しかし、深刻なのはここからだ。ひとたび肥満になると、自意識の問題が進行していく。思春期の多感な時期に、家族や友達からのけ者にされる危険にさらされるのだ。身近な人たちから貶められることで、疎外感や劣等感を持ち、自分はどこかおかしいのだと思い込むようになる。

社会的なつながりの中で、肥満の人はどこか劣っているという観念が生じうる。このことを示す研究報告を見てみよう。まず、肥満児は他の子どもよりも敬意や思慮の足りない扱いを受けていることが、一連の研究から明らかにされている。ノーステキサス大学の研究グループが2010年に発表した調査報告によると、肥満児の親たちは、子どもがクルマを買うときに援助する率が低いという。この結果について、ノースウエスタン大学のダン・キルシェンバウム教授は「家族関係におけるストレスが一因かもしれない」と説明している。

対照的な報告もある。減量プログラムを提供している全寮制の学校、ウェルスプリング・アカデミーの理事長であるマイク・ビショップはこう話す。「肥満の子の親は過干渉な場合が多いですね。子どもの人生に過剰に関わり、面倒を見すぎるのです。善意で子どもを駄目にしている。そもそもお子さんが今の状態になったのもそこが始まりです」

肥満の子とそうでない子とで親の関わり方が異なることによって、肥満の子は「自分は普通じゃない」、さらには「自分はどこかおかしい」と思うようになっていく。

イギリスのリーズ大学での「アーリー・ピアグループ」という最新調査によると、4歳児はすでに肥満は悪いものだという認識を持っているという。調査では、4～7歳の子ども126人にまず絵本を読んでもらう。主人公は少年アルフィか少女アルフィーナ。ただし絵本には3種類あって、主人公は標準体型か、肥満児か、あるいは車椅子に乗っているかに分かれていた。絵本を読んでもらった後に質疑応答をすると、主人公が肥満児の本を読んでもらった43人の子どものうち、主人公と仲良くなりたいと答えた子は一人だけだった。さらに、パーティに呼ばれるかどうか、自分の外見を気に入っているかどうか、かけっこに勝つかどうか、学校でいい成績を取るかどうか、のいずれの問いかけに対しても、否定的な回答が（主人公が車椅子に乗った子だった場合以上に）一番多かった。この調査結果には、肥満への偏見と太った人への社会の見方が如実に現れている。

本調査の論文執筆者の一人であるアンドリュー・ヒル教授は、子どもたちの性別による傾向の差異は見られなかった一方で、年長になるほど肥満への偏見が強まる傾向があるとインタビューで答えている。「私たちの社会の根底に、体型に応じて品性が決まってくるという、体格と品格を結びつけて考える共通解釈が流れているのだろうと思います。その強大な力を、子どもたちは敏感に感じ取っているのでしょう」

子どもたちが肥満への偏見やステレオタイプを小さいうちから内在化させているという証拠はどんどん積み上がっている。2010年の調査では、3～5歳の少女たちがボードゲームのコマの人形を選ぶとき、やせ型か標準体型の人形を選び、太った人形については「こんな太った子にはなりたくない」などと蔑んで拒否したという。

子どもたちは、偏見を他者に向けるだけでなく、自分自身にも向けている。それは、自分が実際にこうだと思っているものになりたくないという形を取る。私たちの社会では、実際に3～7歳の子どもたちが

「太っている」と思われることを怖れている。ディッキンソン大学のエイミー・ファレル教授はＣＮＮのインタビューでこう話している。「肥満への偏見はすっかり文化に根を下ろしていて、子どもたちはすぐに染まっていきます」

外見による区別は大学、職場へと続いていく。ＣＣＬ（センター・フォー・クリエイティブ・リーダーシップ）の近年の調査によると、肥満度指数の高い上級管理職はスリムな体型の同僚に比べてより厳しい目で周囲から見られ、低い評価を受けているという。業務遂行と対人関係のいずれの面においても、この傾向は変わらなかった。他にも、仕事や学業、恋愛において、太った人はそうでない人に対して分が悪いという調査結果がいくつも出ている。また、高校卒業率や大学進学・卒業率、既婚率についても肥満者は低く、貧困者となる確率は高い。

こうした調査と私たち著者の観察から言えるのは、肥満に悩む人たちの多くが、自分について「嫌な思い込み《ビリーフ》」を抱いていることだ。そのせいで、体重を減らすという本来の課題が自意識の問題に化けてしまい、適切な方法で正しい生活習慣を取り入れるという客観的なプロセスを経ればよいはずのものが、違う格闘に陥ってしまっている。

埋め合わせ作戦

肥満の人たちは、たいてい次の三つの埋め合わせ作戦のいずれかをやっている。

ひとつめは、完全な否認である。肥満であるからといって何の問題もなく、生きたい人生を生きるのに何の支障もないと考える。現実を否認しているため、健康改善を期することはかなわない。

ふたつめは、すっかり諦める作戦だ。自分には状況を変える力などないと感じ、望みを失っている。この作戦を採る人は自らを犠牲者と捉え、他人や自分自身、自分の置かれた状況、運命、環境を呪っていることが多い。

そして三つめは、積極的に減量に取り組む作戦だ。この作戦を採る人は、構想段階、決定段階、または実行段階のいずれかにいて、「今度こそうまくいくぞ」と思っている。

近年、パデュー大学のCenter on Aging and the Life Course（エイジングと人生の研究センター）でのマーカス・シェファーによる研究によって、肥満は健康を損なう要因となるだけでなく、社会的地位を不利にする要因にもなっていることが確認された。加えて、肥満による差別を受けることで、実際に健康リスクが増幅され、機能低下が助長されることもわかったという。この結果は、肥満者が差別によって人目をより意識するようになり、それがストレスとなって健康や心身の機能にさらなる悪影響を及ぼすことを示している。

人生への満足度合いが、周囲の人たちの体重と関連しているという報告もある。「肥満は（時に）重要だ（Obesity (Sometimes) Matters）」と題されたコロラド大学の論文によると、周囲に肥満の人がほとんどいない環境における肥満の人の幸福度は格段に低いという。つまり、周囲の人たちとの比較によって満足度が測られているのである。肥満や太りすぎだというだけで「とんだ貧乏くじだ！」と思っているのだ。

フォーカスを自分から成果に向ける

では、どうしたらいいのだろうか。ここでひとつだけ、基本的な問いかけをしよう。

最高の健康を手に入れたいのか？

もし答えが「イエス」なのであれば、決定的に重要なアドバイスがひとつある。

自分自身ではなく、人生構築プロセスに目を向けよ！

太りすぎは自分のせいだと感じるのは無理もない。誰かに無理やり食べさせられたわけではないのだから当然だ。椅子に縛りつけられて食べ物を詰めこまれてはいない。自分で進んで食べたのだ。店で料理を注文したのも、ブッフェでお皿いっぱいにおいしいものを取ってきたのも、夜中にお菓子を食べたのも自分だ。

しかし、そうした行為は、他のあらゆる行為と同様に、根底にある構造によって引き起こされている。状況を変えるために何より大事なのは、フォーカスを変えることだ。まず自分自身からフォーカスを外す。そして、「自分にとって一番大事なものを創り出すこと」にフォーカスを向ける。成功の鍵はそこにある。健康的な習慣を新たに取り入れようというときに、フォーカスを自分自身に向けていたら学びが阻害される。自分のライフスタイルを変えようと思ったら、間違えることを気にせずたくさん失敗を重ね、失敗から学び続けなければならないのだ。自意識《アイデンティティ》が強いとそれを邪魔してしまう。

フォーカスを自分から外し、実現したい健康状態に当てることに加えて、もうひとつ必要なことがある。それは、他の人たちが自分をどう思うかを無視することだ。他人の口出しは無用だ。人生を変えようとするとき、周りは成功を望んでくれる人ばかりとは限らない。なかにはあなたの成功を脅威に感じる人もいるだろう。自分の無力さを正当化できなくなったり、自分の能力のなさにいたたまれなくなったりするからだ。

ここでまた思い出しておこう。構造が生み出すパターンには「揺り戻しパターン」と「前進するパターン」の2種類があった。今まさに揺り戻しパターンから前進するパターンに移ろうとしているところだ。

ひとたび前進構造に移行してしまえばモチベーションは明快になる。最高の健康を手に入れること、ただそれだけだ。この「望む成果」と「今の現実」にフォーカスすることから緊張構造が生まれる。すると、最高の健康を実現するための習慣を築くために必要な「セカンダリー選択」を毎日実践することが可能になる。

自分をどう思うかなど、もう関係ない。今日自分がうまくできたかどうかも関係ない。関係あるのは着実な進歩、それだけだ。少しずつ、食事、運動、睡眠、ストレス管理を改善していく。その過程で学び、実践し、支え、生活を形作り、大切なことのために小さな選択を積み重ねるうちに、決心も確かなものになる。

看護師のシャーリー・マストは5年のうちに90キロ以上減量し、最高の健康を実現していった。フォーカスを「自分をどう思うか」から外し、「自分に何を望むか」に移したのである。彼女は生活習慣を根本的に変えることに成功した。根底にある構造を変えることで、まず減量を実現し、その体重を何年も維持できたのだ。シャーリーの言葉を紹介しよう。

以前の私は、病的な肥満からもう抜け出せないと諦めていました。もう何年も生きられないと思っていたし、ただただ、こうなってしまった自分という現実から逃れられないと思っていたんです。これから生まれてくる孫たちのためにスクラップブック作りまで始めていました。生きて会えるとは到底思えなかったから。

健康になろうと行動を始めたときも、もし10キロでも落とせたら、早死にする時期を少しは遅らせられるかもしれない、というくらいのつもりでした。全面的に健康になるなんて、とても無理だと考えていました。

幸い、私は劇的に健康を改善できるということに早い時点で気づき、すっかり考え方が変わりました。それまでは、自分が今までどうだったか、これからどうなりそうかに基づいて行動を選択していたのですが、一転して「もし何でもできるなら、私は人生で何を創り出したいのか」に目を向けるようになったんです。

私の望みは、「最高に健康になりたい」でした。そう思ったら、マインドセットが「想定される未来を受け入れる」ことから「可能な未来を創り出す」ことに変わり、創造力がますます湧いてきました。自意識を脇に置いて、少しずつ最高の健康への道を歩み始めると、無限とも思えるチャンスの地平が目の前に開けてきました。そうそう、話は変わりますけど、今私はかわいい孫の面倒を見ているんですよ。それに、90キロ以上軽くなりました。

――シャーリー・マスト

シャーリーは過去に何度も減量を試みている。そのたびにリバウンドして元に戻っていた。でも今回は違った。何が変わったのか分析してみよう。ほぼ常にダイエットにいそしみ、自分の限界に挑み続けていた過去と、減量に成功して劇的に健康的なライフスタイルを維持できている今回とでは、何がどう変わったのだろうか。

彼女はずっと前から、体調をよくするためにはやせる必要があるとわかっていた。それどころか、看護師として、心臓病、脳卒中、糖尿病、がんなどのリスクに自分がさらされていることも知っていた。そうした認識が情緒的葛藤となり、減量行動を駆り立てる原動力になっていたのだ。実際に、最後に減量行動に出たのは、このままではもう死んでしまうと思い詰めたときだった。

第6章のマシュマロ実験でも見たように、嫌な結果を避けるために行動すれば、当然のように揺り戻しパターンになる。

シャーリーの従来のパターンを図にしてみよう。どんなモチベーションからどんな行動をしたのか、なぜ持続的な変化につながらなかったのかがわかるはずだ。

このままではもう死んでしまうという危機感でダイエットを始めたシャーリーは、数キロやせただけで勢いを失った。死の恐怖や罪悪感が減り、葛藤が緩和されたことで、危機感が弱まったのだ。そして元の生活習慣に戻り、リバウンドするダイエットの悪循環を繰り返すことになる。

自意識を構造の外に出した今は、もう違う。シャーリーは、最高の健康という自分の大事なことにフォーカスを合わせ続けられるようになった。目の前の現実をありのままに見られるようにもなった。「緊張構造」がシャーリーの人生を形づくる新たな構造になったからだ。

新たなパターンを図にするとこうなる。全く違うことが見て取れるだろう。

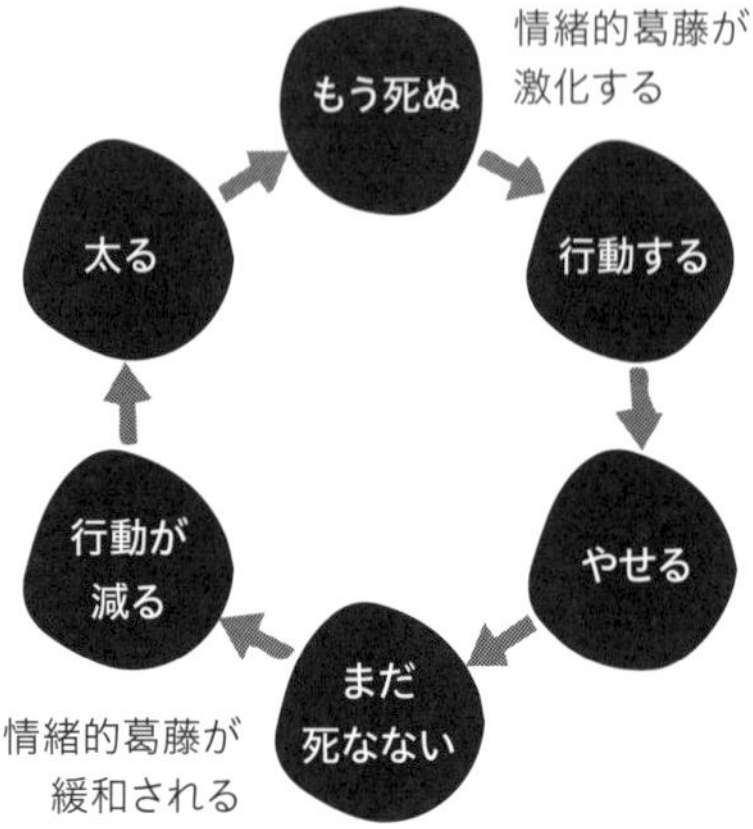

図 13

これまでとこれから

シャーリーのようにライフスタイルの転換を遂げた人たちを、私たちは数十年にわたって無数に見てきた。葛藤や意思の操作によっては成し遂げられなかったことである。どんな成果を上げたいのかを明らか

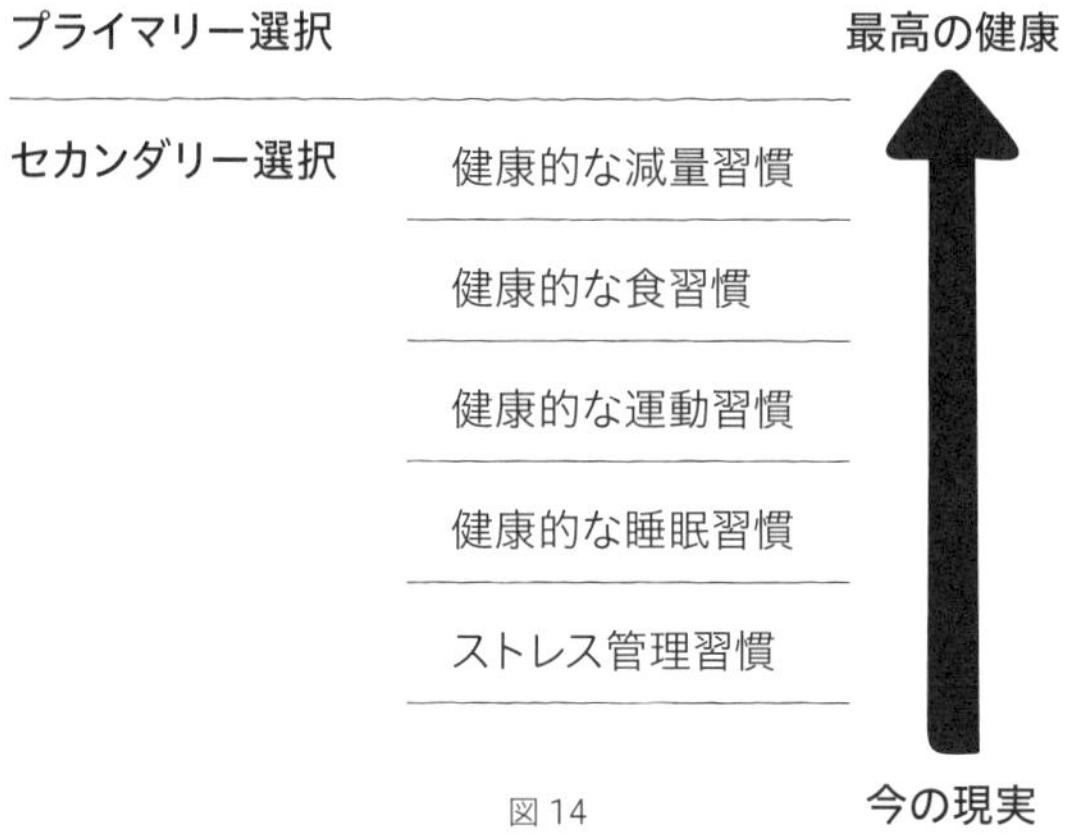

図14

にし、その成果に対して現実がどうなっているかをありのままに見て、意図を行動にする作戦を立てること。ライフスタイル転換にはこの三つが必要なのだ。そしてもちろん、自意識から人生構築プロセスへとフォーカスを合わせ直すことを忘れてはならない。

この章のポイント

- 自意識《アイデンティティ》が肥満と結びついていると、健康改善は難しくなる。
- 関心を自分に向けるのをやめ、実現したい健康状態に向けることで、成功のチャンスが増す。

第15章
広告に踊らされる自意識《アイデンティティ》

例の物憂げな顔つき
便利すぎて売れないインスタントミックス
どうして卵を足すのか

広告と自意識《アイデンティティ》

語学教材ロゼッタストーンのラジオCMが話しかけてくる。「私たちの価値は、あの新しい靴を買っても、大画面テレビを買っても上がらないけれど、もし外国語を覚えたとしたら……」

マスミューチュアル生命の広告は語る。「あなたが誰を愛しているかで、あなたのことがたくさんわかる」

広告業界は何かを売ろうとしてくる。それが彼らの商売であって、そのことには何の問題もない。注目すべきなのは、ここ数十年の間に、広告のフォーカスが商品やサービスから購買者自身やその自意識《アイデンティティ》に移ってきたことだ。

「男性性を映す鏡――広告イメージにおける表現とアイデンティティ（Mirrors of Masculinity: Representation and Identity in Advertising Images）」と題した論文の中で、執筆者のジョナサン・E・シュレーダーとデトレフ・ズウィックはこう記している。

現代の広告は、商品やサービスにほとんど言及しない。商品は画面や誌面の背景にかくれ、人物とライフスタイルとブランドが高度に抽象的な形でつながるように描かれる。広告に登場する人物のイメージやライフスタイル、外見から、視聴者が意味をくみとって商品に紐付けるように作られているのだ。

（中略）社会学者のアーヴィング・ゴッフマンは、広告は視聴者の実体験に直接的な影響を与えるものだと指摘している。広告は、見る者の自意識や、何が正しくて何が間違っているのか、よい暮らしとは何かといった観念を規定する。男らしさや女らしさ、何がセクシーなのか、どうしたら他者から魅力的に映るのかという見方に決定的な影響を与える。

ゴッフマンは、「どんな物理的環境や社交の場においても、ジェンダーを表現し、性別自意識を肯定するために用いうる材料が必然的に提示されている」ことを明らかにした。標準的な広告では、一般的に支配的な男性像に対して従属的な女性像が提示され、男性は身体的、経済的、あるいは精神的に優位なものとして描かれる場合が多い。ゴッフマンはパフォーマンスとしてのふるまいに着目し、イメージと実体験との違いを論じた。

「集団に属することで自意識の形成が促進される。自意識への訴求はしばしば実際の個人的利害への訴求よりも強くなる。自己利益への訴求が通用しないときでも、人々の自意識に情緒的に訴求することができる」

これは驚嘆すべき説明である。自己利益よりも自意識に訴えるほうが効果的だというのだ。「マルボロマン」で有名な煙草の広告が好例である。マルボロマンは長身でタフな一匹狼のカウボーイで、いわばクリント・イーストウッドの分身だ。クールなカウボーイハット、大自然にさらされて鍛えられた肌。ここでは喫煙で健康を害しているなどという事実はどうでもいい。煙草に火をつけ、大きく吸い、肺にためた煙を一気に吐き出す。その姿だけでかっこよかった。紫煙が美しい雲のように広がり、カウボーイ姿をさらに引き立てていた。

マルボロマン役だった俳優は肺がんで死んだ。もちろん彼は役を演じていただけだ。マルボロマンは、ミッキーマウスや『コスモポリタン』誌の表紙を飾る美しいモデルたちと同じように、ただのファンタジーである。

例の顔つきは本物か

優雅なライフスタイル雑誌を開けば、有名ブランドの広告がこれでもかと目に飛び込んでくる。ルイ・ヴィトン、プラダ、マックスマーラ、エルメス、イヴ・サンローラン、ヒューゴ・ボス、ディオール、他にも無数にある。

ここで奇妙なことに気づく。高価なデザイナーブランドの服を着ると、幸せになれないようなのだ。広告に出てくる人物は皆、悲しそうな顔や、深刻そうな顔、怒った顔、あるいは物憂げな顔をしている。どのモデルも若く、美しく、すねたように口をとがらせている。強がっているのだろうか。それともセックスアピール?

私たち著者はある雑誌を一冊使って、ブリジット・バルドーばりの前歯の持ち主がどれくらいいるのか調べてみた。すると28人いた。もっといたかもしれないが、他の女性たちは口を閉じていてわからなかった。

男性たちも負けず劣らず、デザイナーブランドの服を着てつらそうな顔をしていた。ぼんやり遠くを見たり、うつむいたりしている。2人ほどカメラに視線を向けていたが、「こんな服を着ている俺を見ているお前は誰だ?」とでも言っているような侮蔑的な顔つきだった。

マーケティングとしてはいいのかもしれない。いやそのはずだ。なぜなら、皆そういう表情をしているのだから。不幸せそうだったり、憂鬱そうだったり、冷ややかだったり、苛立って見えたり、退屈して見えたり、深刻そうに見えたり、不愉快そうだったりするあの顔は、クールなのだ。雑誌のモデルたちは皆プロフェッショナルで、全員あの顔ができる。これはすごいことだ。考えてもみてほしい。鏡の前で一体何時間、あの顔を練習したのだろう。ピアニストがモーツァルトの曲を演奏するのに向けて、徹底的に音階練習をするのと変わらない。

素人はカメラの前でどんな顔をしているだろうか。誰もが一人ひとり、固有の表情を持っている。自分の写った写真を全部並べてみれば、いつもお約束の写真用の笑顔で写っていることに気づく。同じ人が写った写真を20年分並べて比べたら、誰もがそれぞれお決まりの笑顔で写っていることがわかるはずだ。年によって人生にはさまざまなことが起こっているのに、その顔つきは変わらない。ただ、その顔つきはプロのモデルたちの例の顔つきとはまた違う。

どちらの顔つきも、作りものである。人に見せるための顔にしている。その瞬間に演技をして、何かを作り出し、プレゼンテーションしている。それで構わないし、そのほうが楽しくもあるだろう。ただし、あくまでも作りもの、つまりフィクションであって、本物ではないとわかっていたほうがいい。

モデルの人たちにしても同じことだ。家族写真では、やっぱり写真用の笑顔で写っているに違いない。そうでなければ、休日のお祝い写真で、笑顔の家族の中に一人だけ例の顔つきの人が交じっていることになる。20年経って子どもたちが大きくなったら何と言うだろうか。「お母さん、この顔つきは何？　この日は食中毒にでもなったの？」などと聞かれて、プロのモデルのトレーニングのことを説明するわけにもいかないだろう。

創り出すプロセスの本質は、創る前には存在しなかった何かを創り出すことだ。何かを、存在させることである。それは物語や戯曲、詩、歌、映画、書物のようなフィクションかもしれない。あるいはそれ以上のもの、例えば自分の生きる人生そのものかもしれない。後者の場合、それを創り出す過程で必要なのは、フィクションではなく現実だ。創り出したい人生は、スナップ写真用の笑顔ではないし、広告向けの例の顔つきでもない。実際にそう生きるものだ。人生そのものを創り出す場合には、フィクションではなくリアリティが必要となる。創り出したい人生は写真用の笑顔や雑誌用の例の顔つきとは違う。それは現実に生きる人生なのだ。人生を創り出すには、他者や自分に対して見せたり表現したりプレゼンテーションしたりすることを超えなければならない。人はたいてい、自分の「心のカメラ」に向かって演じている。しかるべき表情で、しかるべき見え方をする自分でいたいのだ。でも、創り出すプロセスにおいては、ポーズを決めている暇などないし、自意識《アイデンティティ》を演出している暇もない。創り出す対象が人生そのものであればなおさらだ。現実をありのままに見なければならない。欠点も何も、全てをだ。

自意識《アイデンティティ》のために卵をひとつ足す

1952年に、画期的なインスタントケーキミックスがゼネラル・ミルズ社から発売された。水を足して、かきまぜて、焼くだけ。当時、同社は「手がかからない」ことを商品戦略としていて、例えばビスケットミックスのビスクイックは「箱をあけたら90秒でオーブンの中」が売り文句だった。

ビスクイックの誕生秘話は、1930年に鉄道で出張中だった営業責任者が食堂車で焼きたてのビスケットを食べ、そのおいしさをシェフに伝えたことから始まる。するとシェフは秘密を明かしてくれた。ラード、小麦粉、ベーキングパウダー、塩を混ぜた生地を事前に作り置いていたのだ。列車に乗り込んだ後は、焼き型に入れて焼くだけでいい。会社に戻った営業責任者はシェフのアイデアを取り入れ、ビスクイックとして商品化した。ビスクイックは1931年に発売されるや、大ヒットになった。

この成功体験から、同社ではケーキミックスもあっという間にヒットするだろうと考えていた。ところが、予想に反し、売れ行きは今ひとつだった。そこでゼネラル・ミルズ社はバーリー・ガードナーとアーネスト・ディヒターという二人のビジネス心理の専門家に調査を依頼した。判明したのは、ケーキがあまりにも簡単に焼けるために、家庭の主婦たちが後ろめたさを感じていたことだった。1950年代のよき家庭の主婦というイメージに反することになってしまっていたのだ。そこで専門家は一手間加えることを提案した。ケーキミックスに卵をひとつ加えるという1ステップをつけ足したのである。

もともとケーキがうまく焼ける材料は揃っていて、卵を足す必要はない。しかし、手順がひとつ加わるだけで、主婦たちは自分がきちんと仕事をしていると思えるようになった。卵はこのとき、よき妻よき母という自意識《アイデンティティ》のシンボルとしての役割を果たしている。簡単で便利なことは大事だが、主婦の自意識をこわしてしまったら元も子もなかったのだ。

このケースは洞察に満ちている。もし、当時の主婦たちの望みが最低限の手間で成果を得ることであったなら、水を足すだけのミックスで何の問題もない。だが、自意識を満足させるために余計な手間を加える必要があった。自意識の問題の症状は、こうしたさりげないところに顔を出す。私たちは自らの自意識を支えるだけのために、どれほど無駄なステップや動作を加えているだろうか。

多くの人は、あまりにも簡単に成功してしまうと、自分はきちんと仕事をしていないのではないかと思ってしまう。こうした力学の中にいると、わざわざ自分の成功を台無しにしてしまいかねない。簡単すぎる成功よりもいっそ失敗するほうが気が楽だという人も多い。彼らは、成功や失敗を、自分がそれに値するだけの働きをしたかどうかで決めようとする。

欲しいのは成果だ。成果が奇跡のように出現するのと、身を粉にして働いた末に得られるのとで、いったい何の違いがあるのだろうか。世の中には才能に恵まれた人もいる。才能があれば何かが簡単にできる。才能が少なければもっと努力が要る。指をぱちんと鳴らして才能や素質が手に入るなら素敵だが、現実には持ち前の能力でなんとかする他ない。そこがスタートだ。でも、終点ではない。

自意識《アイデンティティ》と成果

偉業を成した人たちは、実は才能や素質が欠けていたからこそ、恵まれた人よりも努力して成果を上げていることが多い。その人たちがどういう人間だったかなど関係ない。成果を上げることにコミットしていることが大切なのだ。プロセスが簡単か難しいかも関係ない。困難なプロセスを賛美したがる人が多いが、それも関係ない。

モーツァルトにとって作曲は簡単なことで、イマジネーションがどんどん湧いてきた。ベートーヴェンはそうは行かず、楽譜を何度も書いては書き直し、試行錯誤しては創り上げ、自分の創作力を伸ばし、深めていった。両者とも、比類のない名作を生み出した偉大な作曲家だ。でも、もしモーツァルトが自意識《アイデンティティ》の問題に囚われて、あまりにも簡単にできすぎたからこれじゃ駄目だ、と考えていたらどうなっただろうか。同様に、もしベートーヴェンが、自分にはモーツァルトのような才能がないのだから諦めるべきだと思っていたらどうなっただろうか。

モーツァルトやベートーヴェンを例にして考えると、これが馬鹿馬鹿しい考えだということはすぐわかる。しかしいざ自分のこととなると、大真面目にこうした馬鹿げた考えに囚われかねない。

「自分のことをどう思うかは、創り出すプロセスにおいて**全く何の関係もない**」。このテーマは一生かけて理解しておくことだ。

自分に自意識の問題があったとしても、そのためにわざわざ「卵」を足す必要はない。自分が成果に値するだけの十分な働きをしたと証明したいがために、誤った考えを無駄にこしらえていないか、卵の例から考えてみよう。

もしあなたが才能に恵まれているなら、おめでとう。もし自分がやりたいと思うことの才能に恵まれていないなら、やっぱりおめでとう。メニューが違うだけのことだ。モーツァルトとベートーヴェンの話の教訓を胸に、前に進もう。

この章のポイント

- 広告は、見る人の自意識《アイデンティティ》に訴えかけるように作られている。この商品を使うあなたはこんなに素晴らしくなりますよ、というふうに。

- 広告はそうやって商品そのものの価値ではなく、購買者の自意識に基づいて買わせようとする。
- 1950年代のアメリカの主婦たちの中には、ケーキミックスが簡単すぎると、主婦としての務めを果たすことにならないと思う人たちがいた。
- ビジネス心理の専門家は、卵をひとつ加えることで、主婦たちがきちんと自分の仕事をしたと感じられるようになることに気づいた。
- ただ自意識を満足させるためだけに、「卵を足す」必要など全くない。
- 自分のことをどう思うかは、創り出すプロセスには関係ない。

第16章

個人と社会

バスに乗り遅れるな
ダークサイドが必要だ
社会を構築するのに一番いい方法

自意識《アイデンティティ》と社会的地位

ベンジャミン・フランクリンは「人は社会的動物であり、孤独に生きるのは刑罰である」という名言を残した。

研究によると、長期間にわたって独房に監禁された囚人には、衰弱性の症状を引き起こす有害な心理的影響が生じるという。その症状は、幻覚、幻聴、過敏症、妄想症、制御不能な怒りや恐れ、時間感覚や認知の歪み、ＰＴＳＤなど多岐にわたる。国際連合の「拷問の禁止に関する委員会」の報告書においても、独房監禁措置を過剰に用いることは拷問等禁止条約に違反すると記述されている。

独りであまりにも長い時間を過ごすことを人は好まない。他の人々とのつながりが人間には必要であり、そうでないと現実を見失ってしまう。フランクリンがいみじくも言ったように、私たちは社会的な動物だ。こうして、古来の難問が多くの人に生じる。社会の一員でいながら、いかに個人としての魂を失わずにいるか、である。

社会で暮らすには、しかるべきふるまいや行動が求められる。礼儀正しくし、他者を傷つけず、交通ルールを守り、社会規範に則り、きちんと入浴し、ふさわしい服装をすること。

一方で、人は個性を表現したい。慣行に抗い、流れに逆らい、自由と独立を保ち、自己決定することは、健全な人間の本能だ。

社会的協調と個性の発揮との間でバランスを取るのに苦労する人は多い。ここに自意識《アイデンティティ》の問題が投げ込まれると、社会的実存の危機に向かってまっしぐらだ。「自分は何者なのか」という問いが「自分は社会の中で何者なのか」という問いにつながり、自分を社会的な地位《ステータス》によって定義し始めるようになる。

人によっては、「自分はこういう人間である」という自己概念が、社会階層、経済的地位、役職や肩書き、業界や地域における評判などと切り離せないほど紐付いている。そうやって社会構造の中のポジションによって自分を定義していると、常に不安にさいなまれることになる。「バスに乗り遅れるな」というメンタリティだ。同じ社会階層の誰かが新型の洗濯機を買ったら、自分も買わねばならない。ボートを手に入れたなら、自分も手に入れる。50インチの大画面テレビを持っていると聞けば、すぐに自分も物色しに行く。誰かが最新型のiPhoneを持っているのを見たら、今の自分のiPhoneに何の問題もなくても、ひとまずストアに急ぐ……。

頂点に昇りつめた「成功者」が、そのポジションを自分そのものと勘違いしてしまうことがよくある。パワーと注目に酔ってしまうのだ。口々に賞賛されることが中毒になり、現実認識が歪んでしまう。そのため非常にまずい決断をするようになり、とんだ恥さらしになってしまう。

一度手にした社会的地位を失うことはよく起こる。いわゆる頂点からの転落である。一度有名になった人たちにとって、これは往々にしてつらいものだ。ロバート・フロストの詩「備えよ、備えよ」にも、こんな一節がある。

栄光の思い出がいくらあっても
あとの不遇の足しにはならず
最後が楽になることもない

自意識の問題は、社会経済階層の反対側でも蔓延している。こちら側では抑圧、偏見、虐待経験といった様相になる。ストリートカルチャーやゲットーカルチャーのように、カウンターカルチャーとして対照的に現われることもある。自意識が芸術に向けられたときには、大いに創造的になりうる。新しい形の音楽やダンス、ビジュアルアートは、大学ではなく低所得地区で生まれることが多い。芸術制作に限らず、自意識の問題は無力感や不安感を埋め合わせる勲章になるのである。

周縁に追いやられた集団には、埋め合わせの戦略として、拒絶されてきたものにプライドを持つということがよく見られる。ブラックパワー、フェミニズム、ゲイプライドなどの運動は、いずれもその集団が抑圧されたり従属的に扱われてきたりしたことに端を発するものだ。集団はサブカルチャーを形成し、否定されてきたものへのプライドを肯定することで社会の拒絶に抵抗する。こうした運動によって、前向きな社会的変化が起こることもある。分断を招いている深い溝について人々が考え直す機会になるからだ。

歴史を振り返れば、新たなプライドが沸き起こってはやがて社会規範に織り込まれ、固有の存在意義を失っていった。社会運動の多くがフェードアウトしていく所以である。変革運動が消えていくのは目標を達成したからではない。その集団がもはや周縁の無視された存在ではなくなったからだ。

集団の中にいると、人はよく自分を見失う。個人としての自分ではなく、所属している集団から自意識が得られるからだ。名前を持った個人ではなく、ヘルズエンジェルス（アメリカのモーターサイクルギャング）やゲイプライドなどの仲間集団を自分だと思ってしまう。自分を集団から切り離すことができなくなり、個性の感覚を失ってしまうのだ。

離れていながらともにいる

最初は矛盾しているように思えるかもしれないが、次の一文を読んでみてほしい。「個の自由は、他者と離れていながら、同時に他者とともにいることによって手に入る」とっつきにくく感じられるかもしれないが、ひとたびこの原理がわかれば、人との関わりにおいて全く新しい体験が得られるようになる。

他の人たちと一緒にいると、自分がわからなくなることがよくある。これが自分だという感覚が消えてしまうのだ。ずっと人に囲まれて一日を過ごした後、「人疲れした」と誰かが言うのを聞いたことがないだろうか。その人は充電のために人から離れて過ごす必要がある。もし、自分自身がよくそういう経験をしているなら、本書のこのセクションはあなたにとって特に重要になるだろう。

初めの一歩は、独りでいることを学ぶことだ。単純そうに聞こえて、そう簡単ではない。たいていの人は自分独りでいるのが苦手なのだ。まわりに人がいないときですら、独りではいられない。テレビを見たり、音楽を聴いたり、本を読んだり、ゲームをしたり、メールを打ったり、ネットを見たり、料理をしたりして、何かしら気を散らせるもので心を満たしている。

なぜ人々はこういう行動をするのか。私たち著者は重要な理由になっているものを突き止めた。どういうことか詳しく見ていこう。

著者ロバートのあるワークショップで、参加者はペアを組み、向かい合って座るようにと言われる。そのときの指示は実に単純明快なものだ。

「何も話さずに、正面にいる相手と、ともにいてください」

この演習はたった2分で終わる。でも、その短い時間に、奇妙なふるまいがたくさん起こる。ある人は、「これ、馬鹿みたいだよね？」とでも言っているような微笑を顔に浮かべた。別の人は、相手の目をじっと見つめ続けた。そうするように指示されたと思い込んでいたらしい（実際は違う）。また別の人は、目を合わせるのを避けてうつむいていた。身振り手振りで意思疎通しようとする人もいた。落ち着かない様子の人もいたし、緊張した表情の人もいた。

2分間の演習を終えた後、何が起こっていたのかを話してもらった。すると、ほとんどの人がとても居心地が悪かったと言う。微笑んだり、手を動かしたり、じっと見つめたり、目をそらしたりする行動は、いずれも、それぞれが感じていたことから逃れるための回避行動だったのだ。

この演習の目的は、不快感を呼び起こすことではなく、人の中で実際には何が起こっているのかを明らかにすることにある。

各参加者には続いていくつかの問いかけがされた。何が起こっていたのか、どんな思い込みがあったのか、居心地の悪さや不安やストレスの元は何だったのか。その結果わかったのは、全員が共通して何かを隠そうとしていたことだった。相手からだけでなく、自分自身からさえも。

典型的なやりとりは次のようなものだった。


――なぜ微笑んだのかな？

「相手が居心地よくいられるようにと思ったから」

——どうして居心地がよくないだろうと思ったの？

「お互い何もしゃべらなかったので……」

——そうだね。でも何もしゃべらないとどうして居心地が悪いのかな？

「さあ。たぶん僕が居心地悪かったのかも」

——どうして？

「それは……見られるのが嫌だったからかな」

——何を見られるのが嫌だったんだろう？

「僕自身……たぶん僕自身」

——自分に何か問題があるのかな？

「いいえ、ありませんよ」

——それなら、どうして隠そうとするんだろう？

「確かにそうだね。何かあるかも」

——もしあなたのありのままを全部見られたら、それはいいこと？　悪いこと？

「まずいことだね」

——まずいと思うのね。どれくらいまずい？

「かなり……まずい……」

——何がそんなにまずいのかな？　思い当たることはある？

「僕には何かまずいことがあるということだね」

――まずいこと？

「そう、何かはっきり言えないけど、とにかく何かまずいことだよ」

――それが相手に見られるとまずいことなのかな？

「そう」

――じゃあ、微笑んでいたのは相手の人を居心地よくさせるというよりも、自分のまずいところが見えないようにしたかったってことなのかな？

「そうです」


こうして探っていくうちに、どの参加者も、「ただ他者と一緒にいる」ということがいかに難しいのかに気づいていった。

ふだんの生活で関わる他者についても思い起こしてもらうと、同じことがやはり当てはまった。居心地の悪さの原因をたどっていくと、見られてはならない「まずいこと」に行き着いた。それは他人に知られたらまずいだけではなく、自分自身からも隠している暗部だった。

次の段階では、参加者は自分が目を背けている暗部を直視することになる。目を閉じた状態でいくつかの演習に取り組むことで、今まで見ないようにしてきた自分自身の一部を見つけていく。暗く破壊的な自分の側面を見つけたという人もいれば、性格の欠陥を見つけたという人もいる。残酷で、乱暴で、有害な暗部。これが、ずっと目をそむけてきた「まずいこと」だったのだ。

彼らは、皆「ダークサイド」を抱えていたのだろうか。そう、ある意味で私たちは暗部を抱えている。

そう言うと、驚く人も多いかもしれない。実は社会慣習のために自分のダークサイドに無知になっている部分もあるのだ。欧米の文化では、子どもをあどけない純真な存在として育てることになっている。一方でより古い伝統文化では、ダークサイドの力を認めることが成人になる過程で必要だとされてきた。ダークサイドの力を破壊的に発揮するためではない。価値観に則って自分の力を自覚的に使いこなす選択ができることを知るためだ。

文筆家であり、ソフトウェア企業のシルクタイド社を創業した起業家でもあるオリヴァー・エンバートンは、次のように言っている。

> そう、人間にはある種のダークサイドが必要なのだ。人類学者は全人類に共通して見られる特質を数多く発見している。それらの特質は、過去を通じてどんな人類文化に例外なく見られるものだ。

ロバート・ブライは、グリム童話『鉄のハンス』を用いてこの伝統を論じている（『グリム童話の正しい読み方―『鉄のハンス』が教える生き方の処方箋』集英社文庫）。鉄の肌を持つ山男が、王子の成長を助ける物語だ。若者が森に出かけて独りで過ごし、幾多の困難を乗り越えて成長していく。大人への通過儀礼としてのこうした伝統は、他の文化にも見られる。最大の試練は、自分自身に直面することだ。

皮肉なのは、ブライのこの本が男性運動《メンズムーブメント》を生んだことである。女性運動でも誰の運動でもよかったはずだが、そうはならなかった。鉄のハンスの教訓は特に男性に特化したものではなく、鉄のハンナとお姫様の物語だったとしても本質は変わらない。ところが、性の自意識《アイデンティティ》を喚起された男たちのムーブメントになってしまった。都会に住む男たちが、太古の昔のネイティブアメリカンになったかのようにスウェットロッジ（発汗小屋）に入り、本当の自分を見つけようとしたりする。こうした男性運動は、男性のための人工的な理想をこしらえる。しかし、あらゆる理想がそうであるように、そこに向かおうとする試みは失敗に終わる。

このような真似事とは似て非なる伝統もある。バーモント州の田舎の山などで行われるハンティングがそうだ。狩りの季節に親が子どもをロッジへ連れていき、あらゆることを教える。自然のこと、冬の前に鹿を狩って減らすこと、そうしないと増えすぎた鹿が餓死すること、森を大切にすること、キャンプの仕方、土地を大事に使うこと、安全に責任を持つこと。子どもたちはこうした体験を決して忘れない。これは現代の通過儀礼として素晴らしいものである。

現在の欧米文化に正式な通過儀礼は存在しない。そんなものとは無縁だと思って育っていく。その中で、通過儀礼の役割を果たすものとして最も身近なのはホラー映画やSF映画を観ることだ。『スター・ウォーズ』で、ルーク・スカイウォーカーは敵対するダース・ベイダーを倒さなくてはならない。『ウルフマン』では、満月の夜に姿を現す狼男の自分と対決しなくてはならない。『透明人間』では、科学者の主人公が身体の光の屈折率を空気と同じにする発明をして透明人間になった後、正気を失い、凶暴化する。

何世紀にもわたって、こうした物語は無数に書かれてきた。私たちは物語を通じて自分自身を安全な場所から見つめ、暗部について知るチャンスを得る。物語の多くは警告だ。「気をつけろ、満月だ。吸血鬼と一緒にいてはいけない」「自然界をいじくり回すな、フランケンシュタインのように怪物を生み出すことになりかねないぞ」

人の性質をモンスターの姿にして見せる物語もある。最も古典的な例は『ジキル博士とハイド氏』（1886年、ロバート・ルイス・スチーブンソン）だろう。ジキル博士は善良な医者だが、何の因果か自分をハイド氏というモンスターに変身させる薬を発明してしまう。そう、ハイド氏のハイドという名前は「隠れる」という意味の言葉hideと同音である。

ワークショップ参加者の話に戻ろう。彼らの反応がどこから来たのかを遡ってわかったのは、ほとんど全員がそもそも自分自身を信用ならない存在だと思っていたことだった。それどころか、自分の中に組み込まれているモンスターの存在を相手に見破られてしまうのではないかと怖れていた。どんなに人当たりよく、礼儀正しいふるまいをしていても、である。

どうりで独りではいられないわけだ。自分のダークサイドに乗っ取られるのが怖いのだから。欧米文化には古来の文化にあるような通過儀礼がなく、ダークサイドの扱いが下手だった。結果として、ダークサイドなど存在しないふりをすることにしてしまったのである。私たち人間は、途方もなく悪辣な所業や残虐な行為をなすことができる。そんなことをするのはよほどの極悪人だけだと考えるように思い込まされているが、間違ってはいけない。誰だって状況次第で破壊的な行為におよびうる。ここで大切なのは、破壊できることと破壊しようとすることとは別物であるという理解だ。例えばクルマを運転していて、その気になれば対向車に衝突することはできるが、そんなことをしようとはしない。このことから、人の気質についての洞察が生まれる。人はたいてい、生産的なよい人生を送りたいものなのだ。

ダークサイドの正体

ダークサイドについてもう少し掘り下げてみよう。それは邪悪なものなのか。もちろん、人間は邪悪なふるまいができる生き物だ。しかし考えてみてほしい。邪悪な行動に出るのは、ダークサイドを自覚している人たちなのか、それとも自覚していない人たちなのか、と。

歴史を振り返ってみれば、最悪の残虐行為は、善意や高潔な価値観を守る意思を持った人たちによって引き起こされている。信念の名の下に、特にしばしば神の名の下に。彼らは、自分たち自身のダークサイドを自覚しておらず、人間に内在するそうした暗部をわかろうとすることもなかったのだ。

いわゆるダークサイドの正体は、「力」である。そう、もともとダークでもライトでもない、私たちに備わった力なのだ。力は悪用もできれば善用もできる。それ自体は中立的で、エンジンのようなものだ。たいていの人は、自分が想像するよりもずっとパワフルなのだが、あいにく力を持った自分を信用できない。だから自分で自分の力を削いでしまう。力を悪者扱いするのだ。まるで力が狼男やダース・ベイダー、フランケンシュタインの怪物であるかのように。

ダークサイドを、個人の力ではなく電気だと思ってみよう。18世紀には電気を邪悪なものだと思って悪者扱いする人たちがいた。フランケンシュタインの怪物も、改編版では電気によって命が吹きこまれていた（原作では、化学と錬金術によるものだった）。現代の私たちは電気が単に動力の源泉であることを理解しており、電気自体は善でも悪でもないと知っている。落雷のように害をなすこともあれば、照明やコンピューターの電源のように有効利用もされるが、電気そのものはただの力の源泉だ。電気には、意思も方針も目標も価値観も希望も夢も意図も欲望もない。個人の力も全く同じことだ。それはエネルギーの源であり、どう使うかは本人次第である。

ここで、人が何を求めているか、何を大事にしているかを見てみよう。たいていの人は自分自身の力を信頼していないため、自分を力から切り離している。なぜそんなことをするのだろう。もし本当に邪悪な性質の持ち主ならば、気にせず自分の力を破壊に使うはずではないか。そう、力から自分を切り離す人の真の意図は、他の人たちを守ることなのだ。そこから見えてくるのは、善良であろうとし、思いやりを持ち、人を守ろうとする、人々のまっとうな価値観である。

しかし、自分の持つ力から自分を切り離してしまったら、肝心の自分の人生を創り出す力を削ってしまう。これでは元も子もない。状況に反応するのが関の山で、何かを生み出したり創り出したりする姿勢になれない。これでは本当に自分自身とともにいることができず、自分自身とともにいられなければ、他の人たちとともにいることもできない。関係性が成り立つには相手と自分の両者が必要なのに、そこに肝心の自分がいないからだ。

独りでいられる、つまり自分とともにいられるためには、自分のダークサイドに親しむ必要がある。これは観念としてではなく、体験としてわかる必要がある。慣れないうちは馬鹿らしく感じたり、怖かったり、あるいは単に変な感じがしたりする。しかし、自分の暗部をも含めた全てを丸ごと受け入れるというのは、とても深い、生きることががらりと変わるような出来事だ。それは本当に成長し、成熟することであり、本来の自分自身に還ってくることでもある。

この原理を見事にも表現しているのが、新約聖書に登場する放蕩息子の話である。物語には父親、よき息子、放蕩息子の3人が登場する。それぞれが私たち人間の一部を象徴している。父親は命の源泉であり、よき息子は命の源泉に忠実な部分、そして放蕩息子は道を踏み外した部分である。よき息子は父親と家で暮らし、父親を助ける。一方、放蕩息子は金をもらって家を出て好きに暮らす。そして金を浪費して無一文となり、食いつめた挙げ句に家に帰ることにする。プライドも欲望も期待も捨て、ただ帰りたい気持ちになって家に帰るのだ。帰宅を知った父親は大喜びして祝宴の支度をする。面白くないのは、ずっと家にいて真面目に仕事をして父親を支えてきたよき息子だ。父親に不満をぶつける。父親は答えて言う。「私はあいつはもう死んだものだと思っていたんだ。それが生きて帰ってきたんだぞ。死んだと思っていたあいつが……」

想像してみてほしい。死んだと思っていた息子が生きていたと知ったとき、父親はどんな気持ちになったのか。父親の身になって考えられなかったよき息子の、なんと無神経なことか。放蕩息子が戻ってきたのを見て、父親がどれほど感激したことか。

あなたの中には、よき息子やよき娘のように、命の源泉に忠実に生きてきた部分がある。同時に、道を踏み外して問題を起こしてきた部分もある。その放蕩息子の部分が何の要求も期待も持たずに家に帰りたいと言うとき、皮肉なことに再会を喜ばないのはよき息子のほうだ。それは独善的に上から見下し、過ちに厳しく、過去の罪を許そうとしない不寛容な人間の側面だ。救済が必要なのは、放蕩息子の部分以上に、この心の狭いよき息子のほうである。自分が自分自身にまるごと完全に還ってくるのを許すことが必要なのだ。

ダークサイドは、個人の力として理解することにより、芸術家たちが古くから伝統的に活用してきた。

芸術においては、ダークサイドと健全な関係を結ぶことが決定的に重要であり、それなくして真の情緒をつかむことはできない。だからこそ、芸術を追求する過程において、芸術家は自分自身の隠された領域を深く掘り下げていくことになる。

このことを語っているアーティストの言葉を見てみよう。

「自分に完全に正直になったら、誰でも自分のダークサイドを見つけることになる」

――イザベラ・ロッセリーニ（女優）

「自分の中の獣と仲良くなること、それが健やかに生きることじゃないかな。獣というよりシャドウのことだよ。自分のダークサイドだ。そいつを楽しんで。そう、自分の全てを受け入れるってことさ」

――アンソニー・ホプキンス（俳優）

「誰だって、ちょっとしたダークサイドを内緒で隠しているよね」

――フレッド・サベージ（俳優）

「何にだってダークサイドはある」

――プリンス（ミュージシャン）

「私たちはみんなダークサイドを持ってる。でもたいていダークサイドと直接対決しないで生きてるの。私はシャドウって呼んでる。対決を避けるのにはわけがあるの。物凄いエネルギーがあるからね」

——ロレイン・トゥーサント（女優）

「私たちはみな自分のダークサイドを見に行かなくてはなりません。そこにこそ、エネルギーが、情熱があるのです。人々がダークサイドを怖れるのは、自分が一生懸命否定しようとしている自分自身のあれこれがそこにあるからなのです」

——スー・グラフトン（作家）

「その存在を否定しようとすればするほど、ダークサイドは力を増して私たちを支配してくる」

——シェリル・リー（女優）

「ダークサイドの話をしてもかまわないよ」

——クリント・イーストウッド（俳優）

「女性の視点は月の裏側《ダークサイド》のようなもので、いつもそこにあるのに、表に出てこない。少なくとも、僕の文化圏ではね」

——李安《アン・リー》（映画監督・脚本家）

独りで、ともにいること

改めてワークショップの話に戻ろう。一連の演習を経て、参加者たちは自分のダークサイドやシャドウ、放蕩息子や放蕩娘と親しむようになった。自分のあらゆる面を統合する機会を得て、自分自身に還ってきたのだ。

彼らはもう、独りで自分とともにいてくれと言われれば、ためらいなくそうしていられる。何人もの参加者が、頭の中でずっと続いていたおしゃべりが突然消えたと報告してくれた。まるで、つけっぱなしだったことにさえ気づいていなかったラジオが急に消えたみたいだという。そこには空間と自由と内なる平和の感覚があった。自分の中で何かが片付いて、自分の全ての部分を丸ごと受け入れられるようになった。ほとんどの参加者にとって、こんな内的な平穏と自由を感じるのは人生で初めての体験だったという。

その後、参加者たちにもう一度同じ相手とペアになってもらい、独りでいると同時に相手とともにいてもらうようにする。すると今度は、不思議なふるまいは出てこない。2分後に、それがどんな体験だったのかを振り返っていくと、今回の体験は一回目とは全く違うものだったことがわかった。居心地がよかったのである。自分が自分である感覚があると同時に、相手とともにいる感覚もあった。時間の感覚も変わっていた。今ここにいる感覚だった。そして時間が止まっているかのような感覚でもあった。ペアの相手に関心を抱いていた。自分の居場所にいる、くつろいだ感覚だった。

独りでいて、他の人ともいる、というのはこういう感覚なのだ。両者ともにそこにしっかりといるので、本当にともにいる感覚になる。

この感覚に至る力は、ワークショップでの感動が終わって日常に戻った後も、ずっと続いた。ワークショップ参加者にとっては、それが新しい生き方として定着したのである。

理想・思い込み《ビリーフ》・現実の葛藤の中にいる人たちは、嫌な思い込みを自分から隠そうとする。自分のためにならないことなのに、そうしてしまう。

しかし、この構造の概念がよくわかってくると、根底の構造が変化し、ある種の変容が起こる。もはや自意識《アイデンティティ》は邪魔してこない。自分の高い志と深い価値観にフォーカスを合わせることができる。人生を生きていくことが創り出すプロセスになっていくのだ。

社会の中の一個人

社会の中で、個人が妥協なく一個人として完全に生きることは可能である。それどころか、それが社会を築くには一番いい。ベンジャミン・フランクリンが言ったとおり、人間は社会的な動物だ。他の人たちとともに暮らし、目的をともにして力を合わせ、冗談を言い合ったり、うわさ話をしたり、大切な瞬間を共有したりするのは必要なことだ。誰かと一緒に映画館に行って映画を観る体験は、同じ映画を家で一人で観る体験とは全く違う。

生きていく中で最高なことのひとつは、誰かと力を合わせて何かを創り上げる体験だ。例えば、映画、演劇、オーケストラ、地元の新聞などがある。あるいは地域の活動で、人を集めてコミュニティをつくり、最高の健康づくりや町づくり、国づくりのプロジェクトを行うのもそうだ。

ソーシャルメディア全盛の今日、かつてなくつながれるようになったのに、人がこんなにもばらばらになってしまっているのは驚くべきことだ。10代の子どもたちは同じ部屋にいてももはや会話をしていない。携帯でメッセージをやりとりしている。テクノロジーは諸刃の剣だ。より簡単に、あっという間につながれるようにしてくれると同時に、電子の壁で人を隔ててしまう。

そんな中でも、人とつながりたいという人間のニーズに変わりはない。愛情を、家族を、友人を、つながりを、きずなを求める気持ちは普遍的なものだ。個人でスピリチュアルな探求を行う人も少なくないが、友とともに行うのはまた別の体験になる。

自意識《アイデンティティ》の問題が邪魔しなくなると、新しい人間関係の世界が開く。他の人たちと、そして自分自身と。社会構造の中で、独りでいて、同時にともにいることができる。それで万事よくなっていくのだ。

この章のポイント

- 人間は社会的な動物であり、他の人たちとの関わりを必要としている。
- 極端な孤立にさらされると、心理的に有害な影響が生じる。
- 他の人たちとともにいる必要がある一方で、人と一緒にいるのを難しく感じることもよくある。
- 他の人たちとともにいるためには、ともにいながら独りでいられる必要がある。

- 多くの人たちがなかなか独りでいられないのは、自分の「ダークサイド」とうまく親しめていないせいである。
- 世界の多くの文化には成人への通過儀礼があり、若者が自分自身のダークサイドと親しみ、それを統合していく機会となっている。
- 欧米の文化では、人間のダークサイドなど存在しないふりをしている。そのため、自分自身を完全に信頼することができなくなっている。
- 自分自身を信頼していないとき、人は自分の創造的な力を自分から切り離してしまっている。
- 自分のダークサイドと親しめるようになると、自分自身とともにいられるようになる。
- 本当に独りでいられるようになると、他の人たちとも、ともにいられるようになる。
- 自分の中のあらゆる部分を統合することで、自分自身に還ることができるようになる。そうなったとき、もう自意識は邪魔をしていない。

第 17 章

教育やトレーニング、コーチング、コンサルティング、セラピーの場合

教えることと教わることのからみ合い
芸術やスポーツの伝統
雨の日も晴れの日もトレーニング

教えることと教わることのからみ合い

人が二人以上いると、自意識《アイデンティティ》の問題はもっと複雑になる。コーチング、コンサルティング、セラピー、トレーニングなどにおいては、関わり合う二者の関係性が整う必要がある。

例えば、武術の稽古の場合を考えてみよう。教える側も教わる側も、自意識を介在させてはならない。教える師範が「自分はなんて教え方がうまいんだろう」などと考えてはならない。教わる門人も「自分はなんて上手なんだろう」などと考えてはならないし、「自分はなんて下手なんだろう」と考えている暇もない。師範も門人も目の前の技に集中していなければならない。武術に自己陶酔や自己嫌悪を許す余地はない。

教える側／教わる側	自意識	成果
自意識	①	②
成果	③	④

図 15

「教える」側（教師、コーチ、コンサルタントなど）と、「教わる」側（生徒、クライアント、患者など）の関係性として考えられるのは、この四つの組み合わせだ。

最悪の状態は、「教える」側と「教わる」側の双方が自意識に囚われているケース（図15の①）だ。最高なのは、両者が共に自分が達成したい成果に意識を向けているケース（図15の④）だ。この場合、「教える」側は成果に対する現状に目を向けさえすればいい。自ずと緊張構造が現れる。

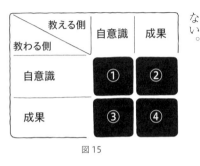

芸術やスポーツの伝統

現に、芸術やスポーツといった分野の長い歴史を振り返ってみれば、これこそが唯一の技の伝承方法であることがわかる。成果と現状に目を向けることによってのみ、弟子は師の熟練から学び、自分の実力をはるかに超えていくのだ。

伝記『バーンスタインの生涯』（福竹書店）の中で、著者のハンフリー・バートンはこうした指導の様子を記述している。いずれもバーンスタインの自伝的テレビ映画『ティーチャー・アンド・ティーチング』に出てくるシーンだ。

> バーンスタインは、ルーカス・フォスとともに共通のピアノ教師だったイザベラ・ヴェンゲローヴァの指導を回想した後、クーセヴィツキーがどんなふうに拍と拍のあいだの指揮の仕方を教えてくれたのかを身振り手振りで示した。マイケル・ティルソン・トーマスは、バーンスタインのコーチングを受けながら、シューマンの交響曲第三番《ライン》の雄大な主題が持つエネルギーを言葉で表せる歌を創り上げた様子を語った。

同じ映画で、バーンスタインは「書くべきでないこと、捨てるべきことは何か」というアーロン・コープランドの教えに感服していたことを語った。別のシーンでは、自身の言葉として「教えるのと学ぶのとは対極にあるのではなく、密接にからみ合っている」と話している。

芸術の分野における師弟関係は、他の伝統的な教育分野とはまるで異なっている。ときに非常に厳しいものになる。師はレッスンの雰囲気を和らげようとしない。名高い演技指導者であるリー・ストラスバーグやステラ・アドラーから指導を受けた俳優たちは、ほめてもらうことなど期待していなかった。彼らは現状のスキルレベルを冷徹に評価され、明確な方向づけを受けた。ぬるま湯につかる暇はなかったが、最高の指導体験を得た。二人のこうした指導は、数多くの名優を生んだ。

演劇界で花開くには、才能だけでは足りない。プロフェッショナルとしての訓練があってこそ、本人の天分が開花する。教える側にも、学ぶ側にも、お互いの自尊心を気遣っている暇などない。ストラスバーグはこう言っている。「教え子の役者仕事の中にこそ、私への贈り物がある」

スポーツの分野では、コーチはチームを最高の状態に引き上げ、かつメンバーに対して現状のパフォーマンスレベルを常に正しく伝え続けるという特別な任務を担う。そのおかげで、チームの全員が望む成果について共通のビジョンを持ち、かつチームの現状も正しく認識できる。これも緊張構造を示す一例だ。インスピレーションだけでは決してこうはならない。もし、自分を駆り立てるものがインスピレーションだけだったら、刺激やひらめきがない日には何をしていいのかわからなくなってしまう。バスケットボールで米国代表チームを率いてオリンピック三連覇を成し遂げたマイク・シャシェフスキー監督は、こう話している。「私のチームにはルールがある。それは、互いにまっすぐ目を見て話すことだ。そうしたら嘘をつきにくいからね。相手に敬意を払うことにもなるんだよ」

芸術であれスポーツであれ、最高レベルのパフォーマンスは、高い志と明確な現実認識の両方があって初めて実現する。現実を歪める余裕はないし、偉業を前にして自意識過剰になっている暇もない。もちろん、厳しい訓練の中では、激しい苛立ちからこの上ない高揚感まで、教える側と教わる側の双方にさまざまな感情が湧くはずだ。プロフェッショナルである彼らは、そのことをわかっている。感情の起伏は天気のようなもので、晴れの日もあれば雨の日もあるが、だからといって仕事の手を休める理由にはならない。

史上最高のボクサーとして名高いモハメド・アリは、リングに上るずっと前の時点から明快な作戦を持って行動していた。対戦相手のことを徹底的に罵るのだ。ぶざまだ、能なしだ、のろまだ、愚鈍だ、などと侮辱の限りを尽くす。本当に相手のことをそう思っていたわけではない。そうやって相手の意識を自意識《アイデンティティ》に向けることが狙いだったのだ。

アリには自分の自意識への囚われがなかった。だからあらゆる行動は試合に勝つためのものであって、自意識のためではなかった。自らを優雅な「ザ・グレイテスト」と敢えて呼んだのも、敵を容赦なくこき下ろしたのも、対戦相手の意識を自意識に引き込み、プロ意識をくじくための作戦だったのである。

2 種類の援助

コーチングやトレーニングを行う場合、それを受けるクライアントが自意識《アイデンティティ》に囚われているケースはよくある。そういうとき、コーチやトレーナーの仕事は少し複雑になる。

例えば減量など、生活習慣に関わるテーマでコーチングを行うときは、特にその可能性が高まる。どれだけ適切なコーチングやトレーニングを提供しても、本人の意識が自分自身に向いている限り、効果はあまり上がらない。

だから、コーチやトレーナーはふたつの仕事をしなくてはならない。ひとつはテーマそのものについての具体的なコーチングやトレーニングであり、もうひとつは本人が意識の方向を定め直せるように支援することだ。

意識の方向の変化は偶然には起こらない。たいていはコーチ側のガイドが必要だ。クライアントは、自分がどこに意識を向けているのか、そして何が自分を動かす動機になっているのかが理解できなくてはならない。自分にばかり意識を向けているようなら、学びも変容もまず起こらないのだから。

自意識を離れ、創り出したい成果に目を向けたとき、新しい世界が姿を現す。そのビジョンがあれば、現実そのものを曇りのない目で見られるようになる。ここが決定的である。双方が緊張構造を共有すると、新たな可能性の扉が開く。そのためには、「教える」側と「教わる」側の双方が、共同の成果とありのままの現実に照準を合わせることだ。これほど素晴らしいことはない。

この章のポイント

- 教育や指導、コンサルティング、コーチングなどでは、自意識の問題がより複雑になることがある。
- 全員が自意識《アイデンティティ》を離れ、望む成果にフォーカスを当てるのが一番だ。
- 「教わる」側のクライアントは、自分の自意識に囚われていることが多い。

- 「教える」側のコーチやトレーナーは、クライアントが望む成果にフォーカスを移せるように支援する必要がある。
- 緊張構造を共有することが、「教える」側の仕事の成功の鍵である。

第 18 章

ふたつの世界

モンスターとの戦いは終わりだ
古い湯水を捨てなければならない
私は生涯脱学習者だ

自意識《アイデンティティ》に囚われない世界

ふたつの世界がある。ひとつは、自意識《アイデンティティ》に囚われた世界。もうひとつは、自意識に囚われない世界だ。そこでは、誰もが自由に自分の志を追求している。誰もが自分の価値観に沿って生きている。他人にどう見えるかなど関係ない。自分をどう思うかなど関係ない。

ひとつめの「自意識の世界」では、関心事は「自分」だ。自分のことをどう思うのか。自分はどの集団のメンバーか。自分はどれだけ成功し、皆にどう思われているのか。だから、自分のやることはすべて「自分」の反映だ。あからさまに自己顕示する人もいれば、あまり表面に出さない人もいる。だが、まるで囚われなどないかのように見えて、実は何をやっても「自分」のことになっているのだ。

もうひとつの世界には、自意識の危機が存在しない。失敗しながら学んでいける。失敗を素直に認め、失敗を見つめて次に進んでいける。お互いを個性を持った人間として認め合うことができる。欠点も何も含めて、ありのままの一人格としてお互いをまるごと認め、尊重し合える。

ふたつの世界は全く違う。

「自意識の世界」は自然に始まる。人が生まれてすぐの頃からあって、自分と他人の区別をつけていく世界だ。一人ひとりが別々の人間だという意識が出てくると、「これは僕のおもちゃだ！」というように所有権を主張し始める。やがて歳を重ねるうちに、自分を特定の集団に結びつけて考えるようになる。家族、学校、仲間、友達、市民、コミュニティのメンバー、同世代、同時代人といった具合だ。そんな中で、人は「自分は何者なのか」と自らの自意識を正しく定義しようと模索する。

自意識という観念は、社会を生きる中で強化されていく。階級、人種、宗教、地域、政治、好きな音楽、食生活、テレビ番組、クルマ、職業などで、私たちは自分たちを分類する。世の中との関わりの中で、一つひとつの分類が重要になってくる。もともとの分類が本質的に重要だからではない。その分類によって自らの自意識を定義したから重要になっていくのだ。

こうしておかしなことになっていく。個としての自己の感覚を養うのはよいことだったはずなのに、それがいつの間にか重荷と化していく。自らの自意識を見つけ、そこに収まろうとすることが目的化してしまうのだ。

それでも、人は成熟して次のステップに進むことができる。意識の方向性を変え、人生の根底をなす構造を変えるのだ。まずできることは、「どんな成果を創り出したいのか」にフォーカスを合わせ直すこと。「自分」の定義は一度忘れた方がいい。

これは本能的にできることではなく、規律を要する。フォーカスを自分から外し、求める成果に向けよう。ひとたびそうなれば、全てが変わる。もうひとつの世界に行けるのだ。

モンスターたちとの戦いを終わらせる

ある人はこんな言葉で変化を語った。「もうモンスターたちとの戦いは終わった。自分がどれだけ人目や自意識《アイデンティティ》を気にしていたかがわかって、笑い出したいくらいだ。人といるときもリラックスして自然でいられる。相手も同じさ。生きることがずっと面白くなる。エキサイティングでわくわくしてくる」。

自分自身ばかりを見つめるのはやめて、人生構築プロセスにフォーカスすること。これが本書を貫く中心テーマだ。これさえできれば、ぐんと健康になり、世界としっかり関わっている実感が持て、人生が飛躍的に充実する。

こんなことは簡単にできそうなものだが、意外にもそう簡単ではない。なぜか？　既に学んでいることを捨て去って、忘れなければならないからだ。それは学ぶこと以上に難しい。

学習と脱学習《アンラーン》

新しいことを学ぶには、すでに学んでいることを捨てる必要があることが多い。バスタブにお湯を入れるには、古い湯水を捨てなければならない。

いや、もっと正確に言うとこういうことだ。新しい学びに出会ったとき、それが今までに蓄積してきた考え方と衝突すると、新しい学びを取り入れるのが難しくなる。たいていの人は、新しい考え方や技術を足すのは得意でも、すでに学んで知っていることを入れ替わりで捨て去るのは苦手なのだ。

少し前に、「生涯学習者」という言葉が流行ったことがある。悪くないアイデアだったと思う。でも誤って解釈されてしまった。切手や野球カードやレシピを収集するように、いろんな知識を集めるコレクターという意味になってしまったのだ。コレクションなら、いくら増えても困らない。ベーブ・ルースのカードにテッド・ウィリアムスのカードが加わっても、何の衝突も起こらない。

しかし、学習はコレクションのようにはいかない。例えば、ダーウィンの進化論と同時に天地創造説を受け入れることはできない。この両者は、種の起源について全く異なる説明をしているからだ。一方を真実と考えるなら、もう一方は間違いと考えるしかない。新しい学びが古い学びと矛盾するのはよくあることだ。本当に「生涯学習者」であるならば、多くの古い学びを捨て去らなくてはならない。これを脱学習《アンラーン》（unlearning）と言う。

脱学習が話題に上ることは滅多にない。誰かが「私は生涯脱学習者だ」と言うのを聞いたことがある人はまずいないだろう。だが、脱学習こそが真の学習のために必要なのだ。

ロバート・フロストは言う。「とても学歴の高い人たちが、新しいことを学ぼうとしないことがある」と。そこから導き出される仮説はこうだ。その人たちは、自分の教育水準の高さを自意識《アイデンティティ》に結びつけている。すでに学んで知っている知識を脅かす新しい学びは、自意識の危機に直結する。彼らは、新たな知識そのもののメリットを考えることができない。知識が、自分の賢さを示す抽象的なシンボルになってしまっているのだ。

こうして自意識と結びつけられて使われたせいだろうか、「生涯学習者」の流行にもかげりが見えている。

メタノイア

真に学ぶためには、未知の情報や経験に接したときに自分の心を変えられる能力が本質的に重要だ。組織学習協会（SoL）の創設者ピーター・センゲがよく用いる「メタノイア」という古代ギリシア語の言葉がこのことを意味している。しなやかに、柔軟に心を持つことによって、脱学習が、学習と同じくらいありふれたものになるといい。

ただし、脱学習を自意識《アイデンティティ》と結びつけてはいけない。ここは注意が必要だ。常に現実から目を離さないこと。「どうだ、脱学習にフォーカスしたぞ」などと、フォーカスが自分自身に戻ってしまったら元の木阿弥である。

自分自身にフォーカスを向けるのと、必要なスキルを磨くのとは別のことだ。しなやかな情緒、しっかりした規律、人生構築プロセスを前に進めるために要する自覚。こうした特性を身につけることは、自意識とは無関係だ。自分自身はそのまま、ありのままでいい。

自分自身を問題であるかのように捉えて人生を解決するのではない。志と価値観によって、進む方向を決めるのだ。自分のエネルギーの使い道を間違えてはいけない。

人が生きる世界は、ふたつある。ひとつは自分自身の自意識に終始する世界。もうひとつは自分が生きたい人生を創り出す世界。このふたつは、似ても似つかない別の世界である。

この章のポイント

- ふたつの異なる世界がある。
- ひとつは、自意識《アイデンティティ》の世界。もうひとつは、人生構築プロセスの世界。
- 学習するほど、脱学習《アンラーン》も必要になってくる。
- 学習にせよ、脱学習にせよ、自意識と結びつけてはいけない。
- ふたつの異なる世界。水と油のように異なる。

終章

真の創造プロセスに向かって

もっと成功し、もっと達成できる
学ぶのに最高の方法
人生は絶え間ない格闘ではない

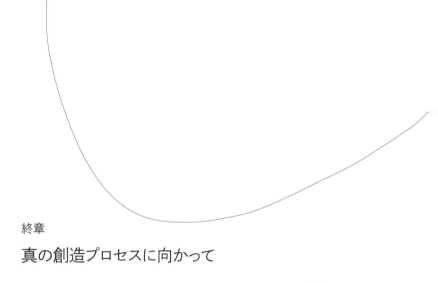

本書は少なからず自己啓発業界で物議をかもすかもしれない。私たち著者はそのことを承知している。それは、本書のメッセージの多くが業界における長年の「常識」を真っ向から否定するものだからだ。数十年にわたる取り組みの経験からわかったのは、自己啓発の世界が誤謬に満ち、効果が疑わしい慣行で溢れ、善意の人たちがよかれと思って提唱し実践しているのに問題を引き起こしているということだった。

自分の人生を向上させようと思う気持ちには何の問題もない。とてもいいことだ。そして、真に向上するための絶好のアプローチのひとつが、自意識《アイデンティティ》の問題を撲滅することなのだ。ところが、世間の自己啓発は反対方向に人々を導いている。もっともっと自分自身にフォーカスを向けさせてしまう。自分がいかにうまくやっているかにばかり目が向き、ますます自意識の問題を悪化させてしまう。

本書の要点は単純明快である。自分自身にフォーカスを向けるのをやめ、創り出したい成果にフォーカスを合わせること、それだけだ。だが、新しい考え方に出会ったとき、その考え方にすぐ馴染める場合も、そうでない場合もあるだろう。特に、これまでの考え方を身につけるために多大な時間とお金を費やしてきた場合は難しくなる。

では、そうした変化が自ずと起こるには、何があればいいのだろうか。

証拠、分別、論理、経験、そして何よりも効果的なのは、本書で紹介してきた方法を実行することによって得られる実感だ。もっと成功し、達成できる。健やかな感覚が増し、人生の方向が定まり、活力が増し、健康になり、自分自身の人生における編集権限を持つことができる。

もちろん、自己啓発は昔からそういった効果を喧伝しているのが常だ。しかし、残念ながら一般的な自己啓発の効果は一時的なものに終わる。少し進歩したと思ったら揺り戻しパターンに陥って逆戻りし、元の木阿弥になってしまう。

なぜ揺り戻しが起こるのか、そこから脱して前進を導くにはどうすればよいのか。こうした構造力学の働きについては、本書を通じて解説してきた。何より大切なのは、自分の人生を構築するのに最適な構造、つまり「緊張構造」をつくることである。

緊張構造を活用することで、もっともっと豊かな人生を創り出してほしい。それは信念によって得られるものではないし、「宇宙を信頼する」ことで起こるものでもない。決意を新たにしたり、ポジティブに思考したり、いい人間になったりすることで得られるわけでもない。

必要なのは、学び、時間をかけて経験することだ。試行錯誤し、失敗やつまずきを繰り返し、規律と鍛錬を重ねること。そして、全てを感情的に受け取らないこと。そうすれば、人生の次の一歩が見えてくる最適な位置に、自分の身を置くことができる。

本書の内容を身につける最善の方法は、実行に移すことだ。まずは試してみて、よかったら習慣化し、やがては生活スタイルに組み込むこと。そうすれば、全く新しい世界が開けてくる。新たな喜びを感じ、熱中することが起こる。そして人生が絶え間ない格闘ではなく、真に創造的なプロセスへと変わるのだ。是非とも実践してみてほしい。

謝辞

本書は多くの人たちの才能や洞察、英知、そしてエネルギーの貢献から生まれた。ロザリンド・フリッツ、イヴ・フリッツ、ノーマ・ケルシー、ニール・ベアード、そしてイヴァン・フリッツ。世界中の構造力学コンサルタントにも御礼を言いたい。

人々が最高に健康的に暮らせるように世界を呼び覚ますコミュニティを率いているロリ・アンダーセンと、素晴らしいリーダー、ヘルスコーチ、企業パートナーのチームのみなさんに感謝する。成長や創造に対するみなさんの率直さが栄養になって、本書は完成に至った。

表紙や図表をデザインしてくれた、ガーディナー・リチャードソン社の素晴らしいデザインチームにも感謝を伝えたい。主幹のダレン・リチャードソン、そしてジーノ・デ・メオ、ジェニファー・ウェストモーランド、エマ・ダグラス。本書を創り出すにあたって、ブックデザイナーのデード・カミングス、編集に携わってくれたDCデザインブックス社のキャサリン・ライクス、スプリングフィールド・プリンティング社のみなさんが果たしてくれた貢献にも感謝している。そして、マーシャル・カーパー！　さまざまな仕事を通じて一緒に世界を変える力になってくれていることに感謝する。

訳者あとがき

ロバート・フリッツ氏の著書に私が出会ったのは2005年のことです。勤め先で求められる役割が変化する中、それまでの仕事人生で積み上げてきた自身の基盤に限界を感じ、このままでは立ちゆかなくなるという危機感の中にいた時期でした。

そんなとき、氏の『The Path of Least Resistance（最も抵抗の少ない道）』（未邦訳）を手に取りました。貪るようにページをめくりながら、もやもやが解け、視界が開けていったのを今も鮮明に覚えています。根底にある構造が物事のふるまいを決めること。何かを創り出すのは緊張構造であること。目の前の状況と格闘していた私に、構造に目を向けることを同書は教えてくれました。すると、今いる構造は、行きたい場所と全く合っていない。行き詰まりは当然の帰結でした。新しい視野を得て、別の道を探り始めたのです。

同書と出会っていなかったら、私は翻訳の道に進もうと思わなかったかもしれません。大きなインパクトを受けたこの著者の考え方が、日本で、日本語で、多くの人に知られてほしい。知られないままなのはあまりにももったいない。この思いが、ずっと自分の中にありました。

そして著者の最新作である本書を日本の読者に届けることを決め、チームを組んで動き出したのが昨年のこと。そこから今に至るプロセスは、まさに本書で言う「創造プロセス」でした。目指す状態の実現に向かって、チームで、個人で、幾多の選択と行動を重ねてきました。

と同時に、本書の翻訳は、自意識《アイデンティティ》と改めて向き合う体験でもありました。自意識が創造プロセスをいかに邪魔するものなのか、身をもって感じています。私はもともと、強大な自意識に左右されてきました。無意識に自分のあるべき理想像を抱き、そこから外れないように厳しく自分を律し、それで一定の「成果」さえ上げていたのです。ですから、ここに至るまでには相当な遠回りをしてきました。それでも、ないことにしてきた嫌な自分と出会い、ともに生きられるようになる過程を一歩ずつ歩んできたのは、元の状態でいることの不自由さと、その無意味さを実感したからに他なりません。

今、ありがたいことに、望む仕事をし、ささやかながら望む暮らしをしています。10年前には考えられなかった変化が創り出されました。これからも変化は続くでしょう。行きたいところに向かう過程では骨の折れる努力を要するときもあります。しかしそれは選択と行動と観察の帰結です。

自意識は今もふとした拍子に顔を出します。湧いてくること自体は避けられません。そこは諦めて、出てきたら「ああきたね」と迎えて脇に置けばいい。それがわかっただけで、どんなに身が軽くなり、どんなに毎日が楽しくなったことか。自意識と親しむ道はこれからも続きます。

日本での本書の発行を快諾し、惜しみない協力をくださった著者のロバート・フリッツさん、ウェイン・スコット・アンダーセン博士に篤く御礼申し上げます。そして刊行チームを組んだ、監訳の田村洋一さん、プロジェクトをリードした森山千賀子さん、編集・出版を担った Evolving の糸賀祐二さんに心から感謝しています。

本書とめぐり合った一人として、同じくめぐり合ったみなさんが、それぞれに真に望む成果を創り出す道を歩まれることを願ってやみません。

2018年7月　武富　敏章

Why it doesn't matter what
you think about yourself.

前進するパターン（advancing pattern）
ひとつの成功が次の成功のためのプラットフォームになり、失敗や挫折は次の成功のための学びになる。一つひとつの行動と成果が目標に向かって前進していくパターンで、緊張構造によって生み出される。

揺り戻しパターン（oscillating pattern）
せっかく成果を上げても長続きせず、逆転して振り出しに戻ってしまうパターン。ロッキングチェアのように、前に向かったり後ろに戻ったりを繰り返す。葛藤構造によってもたらされる。自意識問題をはじめとする概念が生み出すパターン。ダイエットにおけるリバウンド（せっかく減量しても元の体重に戻ったり、それ以上に太ってしまったりする現象）は典型的な揺り戻しパターン。

自己肯定感（self esteem）
自分自身について肯定的な意識を持っているべきだという考えの運動がアメリカをはじめとして世界各地で拡がっている。自己肯定感の欠如からさまざまな問題が生じ、自己肯定感を高めることによって幸福や成功につながるという思想が蔓延している。本書はそれを真っ向から否定し、自己肯定感は関係ないばかりか、それを高めようとする努力がたいてい逆効果（ブーメラン効果）になることを示している。

理想・思い込み・現実の葛藤（Ideal/Belief/Reality conflict）
多くの人の自意識問題がこの葛藤構造を生み出し、人生における成功や創造を邪魔している。嫌な思い込みに対応して理想を無意識に掲げ、それが真実でないために現実との間に葛藤を生み出す。多くの場合に複数の理想と思い込みが複雑に絡み合って、葛藤構造となり、揺り戻しパターンを繰り返している。

プライマリー選択（primary choice）
自分が創り出したい主たる成果のこと。

セカンダリー選択（secondary choice）
自分が創り出したい成果（プライマリー選択）を創り出すための手段として選択する事柄で、目的がなければ選択しないことが多い。例えば健康のために必要ならば嫌いなエクササイズもする、という場合、エクササイズすることはセカンダリー選択となる。

思い込み主義（belief business）
思い込みが人生を創り出すという主張のカテゴリー。ポジティブな思い込みがポジティブな結果を生み出し、ネガティブな思い込みがネガティブな結果を生み出すという。本書は思い込み主義を完全に否定している。

緊張構造（structural tension）
創り出したい成果と、それに対応する現在のリアリティの間に生じる物理的な緊張のことを緊張構造と呼び、何かを創り出すときのエネルギー源となる。弓矢で的を狙うとき、弓を引き絞ると物理的な緊張が生じ、矢を前に飛ばす力となる。緊張構造は物理的な力であり、心理的な緊張や肉体的な緊張とは別のものである。

葛藤構造（structural conflict）
ひとつの構造が成果を上げようとするのに対し、別の構造がそれを阻もうとするとき、そこに葛藤が生じ、一度は成功したのに逆転が起こって振り出しに戻ったりする。この揺り戻しをもたらす葛藤を葛藤構造と呼び、成功が長続きしない根本的な理由である。多くの場合に自意識問題が葛藤を生み出している。

根底にある構造（underlying structure）
人間や物事のふるまいを決定づけている構造のこと。どんな人でも物でも根底にある構造がそのふるまいを決定づけている。例えば会社組織にも構造があり、構造を変えずに人を入れ替えても全く同じふるまいのパターンが繰り返される。

用語集

自意識（identity）

自分は何者だ、自分はこうだ、と自分自身について思っていること。自意識を強く持っていることによって学習が阻害され、本来の創造行為が妨げられる。また、成功しても自意識の問題によって逆転が起こり、成功が長続きしない。タイトルにあるとおり、自意識とは何か、どうしたらいいのか、が本書のメインテーマである。

脱学習（unlearn）

新しいことを学ぶとき、今までの知識が邪魔をすることがある。例えば世界は神が創造したものだと思っている人が進化論を学ぼうとすると、新しい知識が今までの知識と矛盾するため、新しい知識を学ぶことが難しくなる。新しい知識を学ぶときには旧い知識との矛盾に気づいて、今までの知識を棚上げし、ときには捨てなくてはならない。このプロセスを脱学習と呼ぶ。脱学習はときに学習そのものよりも重要となる。脱学習ができないために新しいことを学べなくなっていることが多い。

嫌な思い込み（unwanted belief）

多くの場合に自分自身でも気づいていない思い込みがあり、それが望まない内容であるとき、人は無意識にそれを克服するために理想を作り上げたりして自意識問題を悪化させている。例えば「自分は頭が悪い」という嫌な思い込みがあるとき、「自分は頭がいい」という理想を無意識に掲げて自意識問題を作り出していることがある。嫌な思い込みを消したり変えたりする必要は全くない。第２章のレディ・ガガの事例を参照のこと。

[監訳者]

田村　洋一（たむら　よういち）

組織コンサルタント。メタノイア・リミテッド代表。ピープルフォーカス・コンサルティング顧問。主な著書に『組織の「当たり前」を変える』（ファーストプレス）、『プロファシリテーターのどんな話もまとまる技術』（クロスメディア・パブリッシング）、『ディベート道場―思考と対話の稽古』『知識を価値に変える技―知的プロフェッショナル入門８日間プログラム』（Evolving）。共著書に『組織開発ハンドブック』（東洋経済新報社）、『不確実な世界を確実に生きる―カネヴィンフレームワークへの招待』（Evolving）などがある。

[訳者]

武富　敏章（たけとみ　としあき）

東京生まれ。幼少期をアルゼンチンで過ごす。上智大学法学部国際関係法学科卒業後、1989 年に日産自動車（株）入社。メキシコ勤務を含めラテンアメリカ地域マーケティング＆セールスに携わった後、課題解決ファシリテーション、社内コーチング、ダイバーシティ推進などに従事。現在は翻訳の道に進む傍ら、同社の人材育成に非常勤で携わっている。

※本書における引用は文脈に合わせたオリジナルの翻訳になっています。

[著者]

ロバート・フリッツ（Robert Fritz）

ロバート・フリッツ・インク社の創立者。ロバート・フリッツは、30年以上にわたる研究を通じて構造力学を発展させてきた。創り出すプロセスの領域から始まった取り組みは、やがて組織、ビジネス、マネジメントの領域へと広がった。ピーター・センゲ、チャーリー・キーファー、デイヴィッド・ピーター・ストローとともに、イノベーション・アソシエイツ社の共同創立者でもある。1970年代半ばに創り出すプロセスを個人の生産性向上のために役立てるトレーニングコースを開始。これまでにフリッツのコースを受講した人は、世界中で8万人を超えている。構造がいかに人間の行動に影響を及ぼすのかについて記した最初の著書「The Path of Least Resistance」（未邦訳）は世界的ベストセラーとなった。邦訳書にはブルース・ボダケンとの共著『最強リーダーシップの法則——正確に原因を知れば、組織は強くなる』（徳間書店）がある。コンサルタントとしても多くの組織が構造思考を実践できるように支援しており、顧客企業はフォーチュン500企業から多数の中規模企業、政府団体や非営利組織にまで及ぶ。フリッツは映像作家でもある。監督として、また脚本家として、映画やドキュメンタリー、ショートドラマを製作しており、その映像作品は世界各地の映画祭でこれまでに90以上の賞を受けている。

[著者]

ウェイン・S・アンダーセン（Wayne Scott Andersen）

ベストセラー著者であるとともに多くの講演に登壇し、世界的オピニオンリーダーとしてアメリカを健康に導いている。アメリカ中西部の主要な病院で、18年間にわたって緊急外科医療プログラムのダイレクターや麻酔部門長として医療の現場に携わる。その後、テイク・シェイプ・フォー・ライフ社を共同設立。何千人ものヘルスコーチとヘルスプロフェッショナルのチームを率いて、人々が最高に健康的な生活を送るための支援や力づけを行っている。その領域は、メンタル、スピリチュアルからフィジカルまで多岐にわたる。主な著書「Dr. A's Habits of Health」「Living a Longer Healthier Live」（いずれも未邦訳）は50万部を超えるベストセラーとなった。

自意識《アイデンティティ》と創り出す思考

2018年9月10日　第1刷発行
2022年3月25日　第3刷発行

著　者　ロバート・フリッツ　ウェイン・S・アンダーセン
監訳者　田村 洋一
訳　者　武富 敏章
発行者　糸賀 祐二
発行所　Evolving
〒300-1155　茨城県稲敷郡阿見町吉原572-17
http://evolving.asia
e-mail　info@evolving.asia

組　版　EXtech. 勝山昌幸
印刷・製本　中央精版印刷株式会社

ISBN978-4-908148-17-0